Integrated Korean
Workbook

Beginning 1

THIRD EDITION

Mee-Jeong Park   Joowon Suh   Mary S. Kim   Bumyong Choi

KLEAR Textbooks in Korean Language

This textbook series has been developed by the Korean Language Education and
Research Center (KLEAR) with the support of the Korea Foundation.

Library of Congress Cataloging-in-Publication Data
Names: Park, Mee-Jeong, author. | Suh, Joowon, author. | Kim, Mary Shin, author
    | Choi, Bumyong, author.
Title: Integrated Korean workbook. Beginning 1 / Mee-Jeong Park, Joowon Suh,
    Mary S. Kim, Bumyong Choi.
Other titles: KLEAR textbooks in Korean language.
Description: Third edition. | Honolulu : University of Hawai'i Press, [2019]
    | Series: KLEAR textbooks in Korean language.
Identifiers: LCCN 2018060913 | ISBN 9780824876500 (pbk.; alk. paper)
Classification: LCC PL913 .P37 2019 | DDC 495.782/421—dc23
LC record available at https://lccn.loc.gov/2018060913

Page design by Sooran Pak

Illustrations by Seijin Han

Audio files for this volume may be downloaded in MP3 format at
https://kleartextbook.com.

Printer-ready copy has been provided by KLEAR.

CONTENTS

iv Contents

한글 Hangul: The Korean Alphabet

VOWELS

A. Listen to each vowel sound. ▶

    1. 아   2. 어   3. 오   4. 우

    5. 으   6. 이   7. 에

B. Listen and circle the syllables you hear. ▶

    1. 아 어   2. 오 우   3. 이 으

    4. 에 의   5. 야 여   6. 유 요

C. Listen to each vowel sound. ▶

    1. 아, 야   2. 어, 여   3. 오, 요   4. 우, 유   5. 에, 예

D. Listen to each vowel sound. ▶

    1. 아, 와   2. 애, 왜   3. 어, 워   4. 이, 위   5. 으, 의

E. Listen and circle the syllables you hear. ▶

    1. 애 얘   2. 어 워   3. 왜 애   4. 으 의   5. 이 위

F. Listen and complete the syllables with the missing vowel sound. ▶

1	2	3	4	5
아	ㅇ	ㅇ	ㅇ	ㅇ

6	7	8	9	10
ㅇ	ㅇ	ㅇ	ㅇ	ㅇ

G. Listen and write the words you hear. ▶

1. _____   2. _____   3. _____

4. _____   5. _____   6. _____

H. Listen and write the words you hear. ▶

1. _____   2. _____   3. _____

4. _____   5. _____   6. _____

CONSONANTS

A. Listen to each syllable and complete the following chart. ▶

	ㅏ	ㅑ	ㅓ	ㅕ	ㅗ	ㅛ	ㅜ	ㅠ	ㅡ	ㅣ
ㄱ	가	갸	거	겨	고	교	구	규	그	기
ㄴ	나	냐	너	녀	노	뇨	누	뉴	느	니
ㄷ	다	댜	더	뎌	도	됴	두	듀	드	디
ㄹ	라						루			
ㅁ	마									
ㅂ	바		버							
ㅅ	사								스	
ㅇ	아			여						
ㅈ	자									
ㅊ	차									
ㅋ	카								크	
ㅌ	타									
ㅍ	파			포						
ㅎ	하									

B. Listen and circle the syllables you hear. ▶

    1. 가 거 기   2. 누 노 느   3. 데 다 도

    4. 머 무 미   5. 로 리 래   6. 버 보 비

C. Listen and circle the syllables you hear. ▶

    1. 무 부 푸   2. 히 피 비   3. 카 차 타

    4. 호 포 코   5. 저 처 커   6. 소 시 스

D. Listen and circle the words you hear. ▶

    1. 고기 거기   2. 너무 나무   3. 비자 자비

    4. 스키 키스   5. 모자 부자   6. 사자 주사

E. Listen and circle the words you hear, as shown in the example (1). ▶

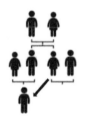   

1. 조 초 쪼 2. 바 파 빠 3. 사 싸 솨 4. 구 쿠 꾸 5. 다 타 따

   가 카 까   바 파 빠   자 차 짜   기 키 끼   조 초 쪼

F. Listen and complete each syllable with the missing consonant, as shown in the example (1). ▶

1	2	3	4	5
너	ㅣ	ㅓ	ㅏ	ㅕ

● G. Listen and complete each syllable with the missing consonant. ▶

1. ㅗ ㅡ   2. ㅡ ㅣ   3. ㅜ ㅣ   4. ㅓ ㅡ   5. ㅓ ㅣ

H. Listen and write the words you hear. ▶

1. _____   2. _____   3. _____

4. _____   5. _____   6. _____

● I. Listen and write the words you hear. ▶

1. _____   2. _____   3. _____

4. _____   5. _____   6. _____

7. _____   8. _____   9. _____

SYLLABLE BLOCKS

A.   Listen and circle the words you hear. ▶

    1. 잠   장   2. 원   왼   3. 공   곰

    4. 발   별   5. 잔   천   6. 명   형

B.   Listen and circle the words you hear. ▶

    1. 가구 가수   2. 사과 사자   3. 의자 의사

    4. 지게 시계   5. 사이 사위   6. 구두 고도

C.   Listen and circle the words you hear. ▶

    1. 가위 거위 과외   2. 야자 여자 야수   3. 여름 얼음 어른

    4. 겨울 거울 가을   5. 간장 공장 긴장   6. 거미 고비 카피

D.   Listen and fill in each blank with the missing syllable, as shown in the example
    (1). ▶

1	2	3	4	5
스키	가＿＿	야＿＿	저＿＿	이＿＿

E.   Listen and write the words you hear. ▶

    1. _____   2. _____   3. _____

    4. _____   5. _____   6. _____

F.   Listen and write the words you hear. ▶

1.
C V

(a)	(b)	(c)	(d)
개	가지	시계	아기

2.
C
V

(a)	(b)	(c)	(d)
소	신	주스	우유

3.
C **V₂**
V₁

(a)	(b)	(c)	(d)
귀	'why'	돼지	웨이터

G.   Practice writing each of the following words.

Consonant + vowel + consonant structures

1.

| C V |
| C(C) |

달	책	김밥	값
			'price'
달	책	김밥	값

2.

| C |
| V |
| C(C) |

공	돈	불	흙
			'soil'
공	돈	불	흙

PRONUNCIATION PRACTICE ▶

간 VS. 칸 VS. 깐

달 VS. 탈 VS. 딸

배다 VS. 패다 VS. 빼다

살 VS. 쌀

자다 VS. 차다 VS. 짜다

C V1 V2 C(C)	1월	쉰	왕	뵙다
		50		'to meet (*honorific*)'
	1월	쉰	왕	뵙다

3.

Plain, aspirated, and tense consonants

H. Listen to the following three-way consonant contrasts. ▶

　　1. 불　풀　뿔　　　2. 달　탈　딸　　　3. 말　발　팔

　　4. 공　콩　꽁　　　5. 살　쌀　잘

I. Listen and circle the words you hear. ▶

　　1. 사다　싸다　　　2. 끄다　크다　　　3. 개다　캐다　깨다

　　4. 자다　차다　짜다　　　5. 기름　시름　씨름

J. Listen and complete each syllable with the missing consonant, as shown in the example (1). ▶

1	2	3	4	5
미	ㅣ	ㅣ	ㅐ	ㅐ

K.   Listen and write the words you hear. ▶

    1. _____   2. _____   3. _____

    4. _____   5. _____   6. _____

L.   Listen and write the words you hear. ▶

1.

(a)	(b)	(c)
'ball'	'little child'	'knife'

2.

(a)	(b)	(c)
'moon'	'daughter'	'mask'

3.

(a)	(b)	(c)
'to drink'	'chestnut'	'arm'

4.

(a)	(b)	(c)
'to sing (a song)'	'horn'	'windmill'

5.

(a)	(b)	(c)
[ ]다	[ ]다	[ ]다
'to sleep'	'to be salty'	'to kick'

Loanwords

M.   Match each loanword with its corresponding picture.

| 아파트 | 주스 | 버스 | 커피 | 토마토 |

N.   Listen and fill in each blank with the missing syllable. ▶

1. 하＿＿＿이

2. ＿＿＿욕

3. 워싱＿＿＿

4. 베트＿＿＿

5. 뉴＿＿＿

6. 햄버＿＿＿

7. ＿＿＿린터

8. 아이스크＿＿＿

9. 텔레＿＿＿전

O.   Listen and circle the words you hear. ▶

1.

(a)	(b)	(c)	(d)
바나나 / 파나나	피자 / 삐자	게이크 / 케이크	햄버거 / 햄퍼거

2.

(a)	(b)	(c)	(d)
오렌지 / 오렌찌	체리 / 쩨리	키위 / 끼위	바인애플 / 파인애플

3.

(a)	(b)	(c)	(d)
마우스 / 바우스	브린터 / 프린터	컴퓨터 / 껌퓨터	델레비전 / 텔레비전

4.

(a)	(b)	(c)	(d)
아메리카 / 아메리까	개나다 / 캐나다	중국 / 쭝국	멕시코 / 멕시꼬

How to Use the Korean Keyboard

- Practice typing with the Korean keyboard.

- Type the following vowels using the Korean keyboard.

1. Simple Vowels: 아 어 오 우 에 애 으 이

2. Diphthongs 1:   야 여 요 유 얘 예

3. Diphthongs 2:   와 왜 외 워 웨 위 의

- Type the following words using the Korean keyboard.

1.   개, 가지, 시계, 아기, 소, 주스, 우유

2.   귀, 왜, 돼지, 웨이터

3.   신, 달, 책, 김밥, 값, 공, 돈, 불, 흙, 1월, 쉰, 왕, 뵙다

 **인사** Greetings

CONVERSATION 1

A. For each three-digit number you hear, write the corresponding number in the appropriate space.

	437			129			608
	382			215			231

B. For each word you hear, write the corresponding number in the appropriate space.

3학년	사람	미국	4학년	학생	한국

C. For each word you hear, write the corresponding number in the appropriate space.

	Lesson 4			a college student			Hello.
	It's me.			a sophomore			a freshman

D. Guess the meanings of the bolded syllables below.

미**국**	국:
한**국**	

1 **과**	과:
2 **과**	

BASE DIALOGUE 1 ▶

마이클:	인녕하세요?
	저는 마이클 정이에요.
유미:	저는 김유미예요.

E. Create sentences using the given noun pairs, as shown in the example (1).

	Topic	Comment
1. 마이클 / 한국 사람	마이클은	한국 사람이에요.
2. 스티브 / 대학생		
3. 저 / 김유미		
4. 엘렌 / 1 학년		

F. Create sentences using the given equation expression [N1은/는 N2이에요/예요], as shown in the example (1).

1. N1 = I; N2 = Steve   저는 스티브예요 _____.

2. N1 = Michael; N2 = sophomore   _____.

3. N1 = I; N2 = Sophia   _____.

4. N1 = Tom; N2 = American   _____.

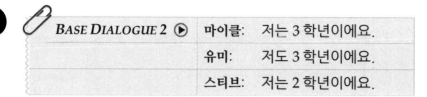

BASE DIALOGUE 2 ▶	마이클:	저는 3학년이에요.
	유미:	저도 3학년이에요.
	스티브:	저는 2학년이에요.

G. Listen and write down each person's identity (in English) in the appropriate space. ▶

소피아	마이클	유미	스티브

H. Circle the most appropriate option to complete each sentence.

소피아(은 / 는 / 도) 2학년(예요 / 이에요).

유미(은 / 는 / 도) 1학년(예요 / 이에요).

마이클(은 / 는 / 도) 1학년(예요 / 이에요).

PRONUNCIATION PRACTICE 1 ▶
일학년 VS. 이학년
한국어 [한구거], 학년 [항년]

CONVERSATION 2

A. For each word you hear, write the corresponding number in the appropriate space. ▶

한국어	선생님	네	이름	뭐	영어

B. Guess the meanings of the bolded syllables below.

영**어**	어:
중국**어**	

학교	학:
학생	

C. For each word you hear, write the corresponding number in the appropriate space. ▶

	Oh, really?		I'm Korean.		Glad to meet you.
	Yes.		No.		What is it?

D. Write each word beneath the corresponding picture, as shown in the example.

~~러시아~~ 미국 브라질 스위스 스페인 영국 일본 중국 캐나다 한국

	러시아			

E. Based on the English meanings below, write in the missing syllables to complete each word.

		사	람

'American'

대		

'college student'

		이	름

'English name'

3		

'junior'

		어

'Korean language'

PRONUNCIATION PRACTICE 2 ▶

아니요 VS. 아니에요

반갑습니다 [방갑씀니다]

BASE DIALOGUE 3 ▶

마이클:	이름이 뭐예요?
유미:	소피아 왕이에요.
마이클:	저는 마이클 정이에요.

F.   Complete each sentence with the appropriate particle. Use each particle **only once**.

이	가	은	는	도

1.   저는 스티브_____ 아니에요.

2.   마이클_____ 2학년_____ 아니에요.

3.   A: 저는 일본 사람이에요.

     B: 저_____ 일본 사람이에요.

4.   유미_____ 한국 사람이에요.

G.   Match each expression in the left column with the corresponding response in the right column.

이름이 뭐예요? •	• 아니요, 중국 사람이에요.
1학년이에요? •	• 네, 안녕하세요? 반갑습니다.
저는 2학년이에요. •	• 스티브 윌슨이에요.
안녕하세요? •	• 아니요, 3학년이에요.
한국 사람이에요? •	• 아, 그래요? 저도 2학년이에요.

H. Listen and circle the word that correctly represents each person's identity. ▶

Sophia	Michael	Yumi	Steve
Korean American Chinese Japanese	freshman sophomore junior senior	Korean American Chinese Japanese	freshman sophomore junior senior

I. Based on the given responses, write appropriate questions, as shown in the example (1).

1. A: <u>안녕하세요?</u>

    B: 네, 안녕하세요?

2. A: _____?

    B: 마이클 정이에요.

3. A: _____.

    B: 아니요, 저는 3학년이에요.

4. A: _____?

    B: 네, 일본 사람이에요.

5. A: _____?

    B: 아니요, K101은 한국어 클래스예요.

BASE DIALOGUE 4 ▶

마이클:	소피아 씨는 한국 사람이에요?
소피아:	아니요, 한국 사람이 아니에요.
	중국 사람이에요.

J.   Create sentences using the given negative expression [N1은/는 N2이/가 아니에요], as shown in the example (1).

1.   N1 = Steve; N2 = junior; to not be   스티브는 3학년이 아니에요.
_____.

2.   N1 = I; N2 = Yumi; to not be   _____.

3.   N1 = Tom; N2 = Korean; to not be   _____.

4.   N1 = I; N2 = teacher; to not be   _____.

K.   Listen and find out each person's identity. Match each person with their corresponding description, as shown in the example. ▶

Yumi	Michael	Sophia	Eddie	Steve	Ellen	Bill

freshman	sophomore	junior	senior	non-college student	non-Japanese	English

L. Write three sentences to describe each person on the information provided below. Use both [N1은/는 N2이에요/예요] and [N1은/는 N2이/가 아니에요], as shown in the example.

유미	1. 유미는 영국 사람이 아니에요. 2. 한국 사람이에요. 3. 유미는 2학년이에요. Information: 영국 사람 (X), 한국 사람 (O), 2학년 (O)
마이클	1. 마이클은 일본 사람이 아니에요. 2. 3. Information: 일본 사람 (X), 미국 사람 (O), 대학생 (O)
소피아	1. 2. 3. Information: 한국 사람 (X), 중국 사람 (O), 1학년 (O)
빌	1. 2. 3. Information: 캐나다 사람 (X), 러시아 사람 (O), 선생님 (O)

WRAP-UP EXERCISES

A. Listen to each person's profile and write their information in the corresponding boxes. ▶

	엘렌	에디	유미	빌
School year			2 학년	
Nationality				미국
ID number				

B. Write two sentences to describe each person based on the information provided below. Make sure to use appropriate particles (은/는, 이/가), and the copula (이에요/ 예요, 아니에요).

	· Professor Minsoo Lee · Korean · Korean language teacher	1. 이민수 선생님은 한국 사람이에요. 2. 한국어 선생님이에요.
	· Ellen · Japanese · college student	3. 4.
	· Bill · junior · non-American	5. 6.
	· Eddie · British · student in Korean class	7. 8.

C. Create short dialogues in Korean based on the scenarios provided below.

1. Exchange greetings and find out each other's names.

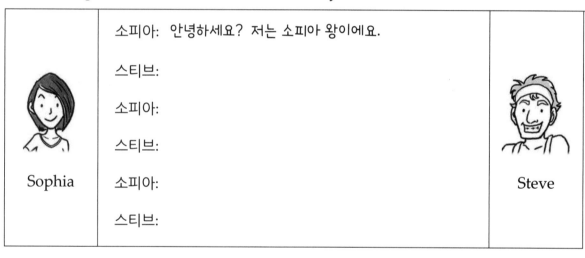

Yumi

유미: 안녕하세요?

마이클: 안녕하세요?

유미: 저는 김유미예요. 이름이 _____?

마이클:

유미:

마이클:

Michael

2. Exchange names and find out each other's year in school.

Sophia

소피아: 안녕하세요? 저는 소피아 왕이에요.

스티브:

소피아:

스티브:

소피아:

스티브:

Steve

한국어 수업 Korean Language Class

CONVERSATION 1

A. For each picture, write the corresponding.

도서관	수업	식당	친구	음식	학교

B. For each word you hear, write the corresponding number in the appropriate space. ▶

to be how	to know	to be all right	to sit	to be good	to be fun	to be many

BASE DIALOGUE 1 ▶   리사: 한국어 수업이 어때요?

                                스티브: 수업이 아주 재미있어요.

C.   Fill in the blanks with either 이 or 가.

     1.   이름_____   2.   친구_____

     3.   숙제_____   4.   학생들_____

     5.   수업_____   6.   한국어_____

     7.   3학년_____   8.   학교_____

D.   Listen and circle the words you hear. ▶

     1.   숙제   수업   2.   중국   친구

     3.   음식   아침   4.   학교   학생

     5.   사람   식당   6.   앉아요   알아요

BASE DIALOGUE 2 ▶

스티브:	한국어 수업이 재미있어요.
	친구들도 좋아요.
리사:	숙제가 많아요?
스티브:	네, 많아요.

E. Complete the tables below.

Dictionary form	Polite ending
많다	많아요
좋다	
넓다	
앉다	

Dictionary form	Polite ending
재미있다	
괜찮다	
아니다	
학생이다	

F. Complete the following conversation by using the adjectives provided in the box below. Use the polite ending ~어요/아요.

괜찮다	넓다	맛있다	어떻다	좋다

A: 안녕하세요?

B: 안녕하세요?

A: 학교 식당이 _____?

B: 아주 _____. 음식이 _____.

A: 커피도 _____?

B: 네, 커피도 _____.

PRONUNCIATION PRACTICE 1 ⊙

Repeat after the recording.

좋아요

많아요

넓어요

괜찮아요

맛있어요

재미있어요

G. Complete each sentence using appropriate particles, as shown in the example (1).

1. 수업 / 재미있다   수업이 재미있어요.
    _____

2. 친구들 / 어떻다   _____ ?

3. 음식 / 맛있다   _____ .

4. 학교 / 괜찮다   _____ .

5. 선생님 / 좋다   _____ .

6. 1학년 학생들 / 많다   _____ .

H. Listen to the questions and write your own responses in complete sentences. ⊙

1. _____ .

2. _____ .

3. _____ .

4. _____ .

5. _____ .

CONVERSATION 2

BASE DIALOGUE 3 ▶	스티브:	요즘 어떻게 지내요?
	리사:	잘 지내요.
		스티브 씨는 어떻게 지내요?
	스티브:	저도 잘 지내요.

A. For each word you hear, write the corresponding number in the appropriate space. ▶

today	every day	now	these days	tomorrow	how	well
						.

B. For each picture, write the corresponding word.

| 공부하다 | 만나다 | 먹다 | 보다 | 쓰다 | 앉다 |

C.   Listen and circle the words you hear. ▶

   1.   맛있어요   맛없어요   2.   많아요   만나요   3.   앉아요   알아요

   4.   어떻게   어때요   5.   싸요   커요   6.   내일   매일

   7.   시험   수업

BASE DIALOGUE 4 ▶

리사:	스티브 씨, 지금 뭐해요?
스티브:	공부해요.
	오늘 한국어 시험을 봐요.
	그리고 내일은 한국 역사 시험을 봐요.

D.   Fill in the blanks with either 을 or 를.

   1   숙제_____   2.   아침_____   3.   역사_____

   4.   주스_____   5.   친구들_____   6.   시험_____

E.   Write complete sentences using the words provided in the [   ], as shown in the
     example (1).

   1.   [저, 아침, 먹다]   →   _____저는 아침을 먹어요._____

   2.   [스티브, 중국어, 공부하다]   →   _____.

   3.   [영미, 텔레비전, 보다]   →   _____.

   4.   [제니, 친구들, 만나다]   →   _____.

   5.   [저, 한국어 선생님, 알다]   →   _____.

F. Describe what Mark is doing in each picture, as shown in the example (1).

Q: 마크가 지금 뭐 해요?

1.  A: _____마크가 아침을 먹어요._____

2.  A: _____

3.  A: _____

4.  A: _____

5.  A: _____

BASE DIALOGUE 5 ▶	스티브:	리사 씨, 지금 뭐해요?
	리사:	아침 먹어요.

G. Read each conversation and write a complete sentence to summarize its content, as shown in the example (1).

1. A: 리사 씨, 지금 뭐 해요?

   B: 아침 먹어요. → _____리사가 아침을 먹어요._____

2. A: 민지 씨, 오늘 뭐 해요?

   B: 오늘 한국어 공부해요. → _____.

3. A: 마이클 씨, 뭐 공부해요?

   B: 미국 역사 공부해요. → _____.

4. A: 마크 씨, 지금 뭐 해요?

   B: 지금 영어 숙제해요. → _____.

5. A: 민지 씨, 내일 뭐 해요?

   B: 한국어 시험 봐요. → _____.

H. Listen to the conversation between Sophia and Steve and circle the correct answer to each question.

1. 스티브 씨는 어떻게 지내요?

    a. 괜찮아요.   b. 재미있어요.

    c. 잘 지내요.   d. 재미없어요.

2. 소피아 씨는 어떻게 지내요?

    a. 괜찮아요.   b. 재미있어요.

    c. 잘 지내요.   d. 재미없어요.

3. 소피아 씨는 지금 뭐 해요?

    a. 친구 만나요.   b. 한국어 시험 봐요.

    c. 역사 숙제해요.   d. 아침 먹어요.

4. 스티브 씨는 내일 뭐 해요?

    a. 텔레비전 봐요.   b. 친구 만나요.

    c. 일본어 공부해요.   d. 한국어 시험 봐요.

PRONUNCIATION PRACTICE 2 ▶

아니요 / 어때요

써요 / 커요

있어요 / 없어요

많아요 / 만나요

싸요 / 써요

맛있어요 / 재미있어요

WRAP-UP EXERCISES

A. Match each item in the left column with the most appropriate item in the right column.

텔레비전 •   • 먹어요

친구 •   • 봐요

수업 •   • 많아요

아침 •   • 만나요

한국 역사 •   • 재미없어요

B. Complete each sentence with the appropriate word. Use each word **only once**.

내일	아주	요즘	잘	지금

1. _____ 어떻게 지내요?

2. _____ 지내요.

3. _____ 뭐 해요?

4. 숙제가 _____ 많아요.

5. _____ 한국어 시험을 봐요.

C. Listen to the questions and write your own responses in complete sentences. ▶

1. _____.

2. _____.

3. _____.

4. _____.

5. _____.

D. Complete the paragraph with the most appropriate particles including 은/는, 이/가, 을/를, and 도.

저_____ 아침_____ 먹어요. 학교 식당 음식_____ 싸요. 그리고 아주 맛있어요.

커피_____ 맛있어요. 수업_____ 많아요. 한국어_____ 공부해요. 한국어 수업_____

아주 재미있어요. 그리고 한국어 수업 친구들_____ 아주 좋아요. 미국 역사_____

공부해요. 역사 수업_____ 재미없어요. 숙제_____ 많아요. 역사 숙제_____ 해요.

시험_____ 많아요. 내일 역사 시험_____ 봐요.

E. Listen to the narration and mark the statements T(rue) or F(alse). ▶

1. _____ I have Korean classes every day.

2. _____ I have Korean classes in the morning.

3. _____ There are many Korean students in Korean class.

4. _____ The Korean teacher is very nice.

5. _____ I have a Korean exam today.

6. _____ I have a Korean exam every day.　　　　*매일 every day

F. Translate the following sentences into Korean.

    1. There is a lot of homework every day.   (every day '매일')

        _____.

    2. Is history class fun?

        _____?

    3. I will take a Korean exam tomorrow.

        _____.

    4. I eat breakfast every day.

        _____.

    5. I will meet my boyfriend today.

        _____.

G. Listen to the narration. Then, listen to and answer the questions in complete sentences. ▶

    1. _____.

    2. _____.

    3. _____.

    4. _____.

    5. _____.

H.　Practice writing the following sentences. Then read them aloud.

한	국	어	를		공	부	해	요	.

한	국	어		수	업	이		아	주

재	미	있	어	요	.	한	국	어	

수	업		학	생	들	이		공	부

해	요	.	내	일		한	국	어	

시	험	을		봐	요	.			

I.   Write a short paragraph about a typical school day. Incorporate as many of the nouns, adjectives, and verbs provided below as you can.

내일	도서관	수업	숙제	시험	식당
아침	역사	오늘	음식	텔레비전	친구
학교	괜찮다	공부하다	넓다	만나다	많다
맛있다	맛없다	먹다	보다	싸다	쓰다
앉다	좋다	재미있다	재미없다	지내다	크다

_____

_____

_____

_____

_____

_____

_____

 **대학 캠퍼스** The University Campus

CONVERSATION 1

A. Write each word beneath the corresponding picture.

기숙사	대학교	도서관	서점	식당	우체국

B. For each word you hear, find its matching picture and write the corresponding number in the appropriate space. ▶

BASE DIALOGUE 1 ▶ | 유미: | 학교 식당이 어디 있어요?
| 리사: | 유니온 빌딩 1 층에 있어요.
| | 그리고 도서관 뒤에도 있어요.

C. Match the English words with their Korean counterparts.

front   •   • 밑

back   •   • 안

side   •   • 뒤

top   •   • 위

below   •   • 앞

inside   •   • 옆

D. Translate the following phrases into Korean.

1. <u>on top of the desk</u>

    책상 위에
    _____

3. next to the post office

    _____

5. in front of the library

    _____

2. behind the chair

    _____

4. inside the dormitory

    _____

6. below the cafeteria

    _____

E. Based on the given picture, answer the following questions using the words
　　앞/뒤/옆/위/밑/안, as shown in the example (1).

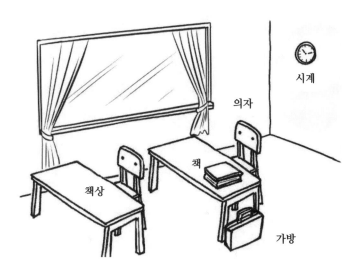

1.　책상은 어디 있어요?

　　　　　　　　　　　　　책상은 의자 앞에 있어요.
　　_____

2.　가방은 어디 있어요?

　　_____.

3.　책은 어디 있어요?

　　_____.

4.　의자는 어디 있어요?

　　_____.

5.　교실 (classroom) 안에 뭐가 있어요?

　　_____.

BASE DIALOGUE 2 ▶

유미: 우체국이 어디 있어요?

리사: 유니온 빌딩 안에 있어요.

유미: 유니온 빌딩은 어디 있어요?

리사: 도서관 앞에 있어요.

F.   Complete the following conversations using the particles 이/가 or 은/는.

1.   A: 저, 학교 서점_____ 어디 있어요?

     B: 도서관 옆에 있어요.

     A: 도서관 _____ 어디 있어요?

     B: 도서관 _____ 우체국 앞에 있어요.

2.   A: 책_____ 어디 있어요?

     B: 책상 위에 있어요.

     A: 의자_____ 어디 있어요?

     B: 의자_____ 책상 뒤에 있어요.

3.   A: 책상 밑에 뭐_____ 있어요?

     B: 가방_____ 있어요.

     A: 가방 안에_____ 뭐_____ 있어요?

     B: 가방 안에_____ 책_____ 있어요.

4.   A: 마이클은 어디 있어요?

     B: 교실(classroom)에 있어요.

     A: 폴_____ 어디 있어요?

     B: 폴_____ 기숙사에 있어요.

G. Complete each sentence with the appropriate particle.

이/가	은/는	도	에

1. 영미_____ 학생이에요. 마이클_____ 학생이에요.

   이민수 선생님_____ 학생_____ 아니에요.

2. 민지: 학교 식당이 어디 있어요?

   스티브: 도서관 뒤_____ 있어요.

   민지: 도서관_____ 어디 있어요?

   스티브: 유니온 빌딩 옆_____ 있어요.

3. 폴_____ 3학년_____ 아니에요. 2학년이에요.

   영미_____ 3학년_____ 아니에요. 영미_____ 4학년이에요.

4. 제니_____ 미국 사람이에요. 수잔_____ 미국 사람이에요.

   마이클_____ 한국 사람이에요. 유미_____ 한국 사람이에요.

5. 리사: 저, 기숙사_____ 어디 있어요?

   유미: 우체국 뒤_____ 있어요.

   리사: 우체국_____ 어디_____ 있어요?

   유미: 도서관 옆_____ 있어요. 학생회관 앞에_____ 있어요.

H. Listen to the conversation between Yumi and Steve and answer the following questions in English. ▶

1. Where is the dormitory?

   _____.

2   Where is the post office?

   _____.

3. Where is the Union Building?

   _____.

I. Based on the picture provided below, mark the following statements T(rue) or F(alse).

1. 유미는 우진 옆에 있어요. [   ]

2. 우진은 민수 앞에 있어요. [   ]

3. 유미는 민지 뒤에 있어요. [   ]

4. 민지는 우진 옆에 있어요. [   ]

5. 민수는 우진 앞에 있어요. [   ]

J.　Listen to the questions and write your own responses in complete sentences. ▶

1. _____ .

2. _____ .

3. _____ .

4. _____ .

5. _____ .

PRONUNCIATION PRACTICE 1　▶

앞 VS. 옆

앞에 VS. 옆에

뒤 VS. 위

뒤에 VS. 위에

CONVERSATION 2

A. Listen and write the words you hear. ▶

1. _____ 2. _____

3. _____ 4. _____

B. Write each word beneath the corresponding picture, as shown in the example (1).

교과서 교실 사전 시간 여자 우산 집 질문 커피 컴퓨터

1. _커피_ 2. _____ 3. _____ 4. _____ 5. _____

6. _____ 7. _____ 8. _____ 9. _____ 10. _____

C. Match each word in the left column with the most closely related word in the right column.

학생 •	• 뒤
책 •	• 선생님
시계 •	• 캠퍼스
책상 •	• 의자
학교 •	• 서점
1층 •	• 시간
앞 •	• 2층

BASE DIALOGUE 3	**제니**:	오늘 수업 있어요?
	마이클:	네, 한국어 수업이 있어요.
		제니 씨는요?
	제니:	오늘은 수업이 없어요.
		그런데, 내일은 경제학 수업이 있어요.

D. Complete each sentence with either 이다 or 있다 using the ~어요/아요 form.

1. 이름이 뭐 __________?
2. 영미는 사전이 __________.
3. 내일 시간 __________?
4. 한국어 교실에 학생들이 __________.
5. 기숙사가 도서관 옆에 __________.
6. 스티브는 미국 사람__________.
7. 도서관이 어디에 __________?
8. 리사는 대학생__________.

E.   Complete each sentence with either 아니다 or 없다 using the ~어요/아요 form.

1.   소피아는 한국 사람이 _____.

2.   민지는 지금 도서관에 _____.

3.   유미는 오늘 일본어 수업이 _____.

4.   저는 3학년이 _____. 4학년이에요.

5.   소피아는 한국어 교과서가 있어요. 그런데 한국어 사전은 _____.

6.   학교 캠퍼스에 우체국이 _____.

F.   Circle the most appropriate option inside the [   ] to complete the sentence.

1.   친구가 [누구 / 누가]예요?   2.   [누가 / 누구] 스티브예요?

3.   저는 책을 [읽어요 / 있어요].   4.   오늘 시간[을 / 이] 있어요.

5.   책이 싸요. [그리고 / 그래서] 재미있어요.   6.   한국 친구가 [많아요 / 만나요].

G.   Complete each sentence using 그리고, 그래서, or 그런데.

1.   한국어 수업이 아주 재미있어요. _____ 숙제가 많아요.

2.   내일 경제학 시험이 있어요. _____ 지금 경제학 공부해요.

3.   한국어 수업이 재미있어요. _____ 한국어를 매일 열심히 공부해요.

4.   한국어 수업은 재미있어요. _____ 역사 수업은 재미없어요.

5.   오늘은 수업이 많아요. _____ 숙제도 많아요.

PRONUNCIATION PRACTICE 2 ▶

있어요 VS. 있으세요

없어요 VS. 없으세요

선생님이에요 VS. 선생님이세요

선생님이 아니에요 VS. 선생님이 아니세요

BASE DIALOGUE 4 ▶

제니:	선생님이 누구세요?
마이클:	이민수 선생님이세요.
	선생님이 아주 좋으세요.

H.　Complete the table below.

Dictionary form	~어요/아요	~(으)세요
앉다		앉으세요
읽다		
있다		
없다		
크다	커요	
가다		
만나다		
선생님이다		
학생이 아니다		

I.   Complete each sentence using the ~(으)세요 form, as shown in the example (1).

1.   저는 한국 사람이에요.   →   선생님은 한국 <u>사람이세요.</u>

2.   린다는 학생이 아니에요.   →   선생님은 학생이 _____.

3.   마크는 컴퓨터가 없어요.   →   선생님은 컴퓨터가 _____.

4.   민지는 오늘 수업이 있어요. →   선생님은 오늘 수업이 _____.

5.   저는 책을 읽어요.   →   선생님은 책을 _____.

J.   For each picture below, write a corresponding request using the ~(으)세요 form, as shown in the example (1).

1.   _____ (Please repeat.)
     _____.

2.
     _____.

3.
     _____.

4.
     _____.

5.
     _____.

K. Listen to the conversation between Jenny and Michael and circle the correct statements. ▶

    1. a. Jenny has Korean class today.

        b. Jenny has Chinese class today.

    2. a. Michael has one class today.

        b. Michael has two classes today.

    3. a. Michael is taking history.

        b. Michael is taking economics.

    4. a. There is a lot of homework in Korean class.

        b. There is a lot of homework in Chinese class.

    5. a. The Korean language classroom is on the first floor.

        b. The Korean language classroom is on the second floor.

WRAP-UP EXERCISES

A. Insert the missing vowels and consonants to complete the following words.

ㅋ	ㅍ	ㅅ	
ㅇ	ㅊ		
ㅎ	ㅅ	ㅎ	ㄱ

'campus'

'morning'

'student center'

B. Listen and circle the words you hear. (▶)

1. 옆에 　　　 앞에
2. 가요 　　　 커요
3. 뒤에 　　　 위에
4. 책방 　　　 책상
5. 사 층에 　　　 삼 층에
6. 있어요 　　　 없어요
7. 뒤예요 　　　 뭐예요
8. 학생이에요 　학생이세요
9. 어디세요 　　 어디예요

C. Complete each sentence by using the particles provided below.

이	가	은	는	도	에

(1) 대학교 캠퍼스는 아주 커요. (2) 그리고 좋아요. (3) 도서관_____ 아주 좋아요.

(4) 도서관 앞_____ 유니온 빌딩_____ 있어요. (5) 유니온 빌딩 안_____ 학교

식당_____ 있어요. (6) 그리고 서점_____ 있어요. (7) 서점 옆_____는

학생회관_____ 있어요.

D. Translate the following sentences into Korean.

1. Where is the post office?

_____?

2. The bookstore is on the fourth floor.

_____.

3. The food at the school cafeteria is delicious. And it is cheap.

_____.

4. I have economics class tomorrow.

_____.

5. The teacher does not have time today.

_____.

E. Use the words provided below to write five sentences about your school campus, as shown in the example (1).

앞	뒤	안	위	밑	
교실	기숙사	도서관	서점	식당	우체국
괜찮다	넓다	많다	맛있다	싸다	좋다	크다

1. 학교 캠퍼스가 좋아요. _____

2. _____.

3. _____.

4. _____.

5. _____.

6. _____.

F. Listen to the description of each item's location. Then complete the picture accordingly. ▶

G. Read the following passage and answer the questions in complete sentences, as shown in the example (1).

> 한국어 교실은 아주 좋아요. 그리고 넓어요. 교실 안에는 책상, 의자, 칠판, 시계, 창문, 가방, 그리고 책이 있어요. 책상은 칠판 앞에 있어요. 칠판 위에는 시계가 있어요. 시계 옆에 창문이 있어요. 책상 위에는 책이 있어요. 그리고 커피도 있어요. 책상 밑에는 가방이 있어요. 가방 안에 한국어 책이 있어요. 의자는 책상 뒤에 있어요.
>
> (칠판 'blackboard', 창문 'window')

1. 칠판 앞에 뭐가 있어요?   <u>칠판 앞에는 책상이 있어요.</u>

2. 시계는 어디 있어요?   _____.

3. 책상 위에는 뭐가 있어요?   _____.

4. 한국어 책은 어디 있어요?   _____.

5. 한국어 교실은 어때요?   _____.

집 At Home

CONVERSATION 1

A.   Fill in the boxes with the appropriate family terms.

For female
speakers

나 (여)

For male
speakers

나 (남)

B. Guess the meanings of the bolded syllables below.

여자	여:
여동생	

남자	남:
남동생	

고등학교	고:
고등학생	

중학교	중:
중학생	

한국어	어:
일본어	

학교	학:
학생	

C. Listen and write the telephone numbers you hear in Arabic numerals (e.g., 1, 2, 3). ▶

1. _____

2. _____ - _____

3. _____ - _____

4. _____ - _____

5. _____ - _____

6. _____ - _____

BASE DIALOGUE 1 ▶

소피아:	스티브 씨, 집이 어디예요?
스티브:	보스턴이에요.
	아버지하고 어머니가 보스턴에 계세요.
	소피아 씨 부모님은 어디 계세요?
소피아:	홍콩에 계세요.

D. Circle the most appropriate option to complete each sentence.

1. 남동생은 고등학생[예요 / 이에요 / 이세요]. 그리고 한국에 [있어요 / 있으세요 / 계세요].

2. 여동생은 홍콩에 [있어요 / 있으세요 / 계세요]. 부모님도 홍콩에 [있어요 / 있으세요 / 계세요]. 언니는 미국에 [있어요 / 있으세요 / 있으세요]

3. 유미는 한국어 사전이 [있어요 / 있으세요 / 계세요]. 선생님도 한국어 사전이 [있어요 / 있으세요 / 계세요]. 그런데 일본어 사전은 [없어요/ 없으세요 / 아니세요].

4. 교과서가 책상 위에 [이에요 / 이세요 / 있어요 / 있으세요].

5. 언니는 대학원생[이에요 / 이세요 / 있어요 / 있으세요 / 계세요]. 어머니는 선생님[이에요 / 이세요 / 있어요 / 있으세요 / 계세요].

6. 선생님이 오늘 시간이 [아니에요 / 아니세요 / 없어요 / 없으세요]. 그런데 내일은 시간이 [이세요 / 계세요 / 있어요 / 있으세요].

E. Listen to the questions and write your own answers in complete sentences. ▶

1. _____.

2. _____.

3. _____.

4. _____.

BASE DIALOGUE 2 ▶

소피아:	유미 씨, 언니 있어요?
유미:	네, 언니가 두 명 있어요.
	지금 대학원생들이에요.
	소피아 씨도 언니 있어요?
소피아:	아니요, 저는 오빠만 있어요.

F.   Listen and write the native Korean numbers you hear in Arabic numerals (e.g., 1, 2, 3). ▶

1. _____   2. _____   3. _____

4. _____   5. _____   6. _____

G.   Match each picture with the appropriate counter.

   •   •   마리

   •   •   권

   •   •   층

   •   •   개

   •   •   명

PRONUNCIATION PRACTICE 1
6, 16, 26, 36, 46, 56, 66, …
한 개, 두 개, 세 개, 네 개, 스무 개

H. Write the appropriate [number + counter] forms using the given cues.

1. 4 items   _____

2. $95   _____

3. May 16th   _____

4. 73rd floor   _____

5. 2 dogs   _____ (dog: 개)

6. lesson 8   _____

7. 11 dictionaries   _____ (dictionary: 사전)

8. 24 students   _____ (student: 학생)

I. Listen to the conversation between Sophia and Minji and put the correct Arabic numerals (e.g., 1, 2, 3) in the [   ] as shown in the example (1). ▶

1. 민지는 [3   ]학년이에요.

2. 소피아는 [   ]학년이에요.

3. 민지는 남동생이 [   ]명 있어요.

4. 소피아는 동생이 [   ]명 있어요.

5. 소피아 동생 [   ]명이 고등학생이에요.

BASE DIALOGUE 3 ▶	스티브:	동생이 있어요?
	소피아:	네, 있어요.
	스티브:	남동생이에요, 여동생이에요?
	소피아:	여동생이에요.

J.   Complete the alternative questions, as shown in the example (1).

1.   A: 리사 씨는 ____미국 사람이에요____ , ____중국 사람이에요____ ?

     B: 미국 사람이에요.

2.   A: 한국어 수업이 _____ , _____ ?

     B: 재미있어요.

3.   A: 동생이 _____ , _____ ?

     B: 여동생이에요.

4.   A: 학교 식당 커피가 _____ , _____ ?

     B: 맛없어요.

5.   A: 오늘 숙제가 _____ , _____ ?

     B: 없어요.

K.   Listen to the conversation between Sophia and Steve and answer the questions by marking the correct answer. ▶

1.   Steve's parents live in   (a) Boston   (b) Hong Kong.

2.   Sophia's brother is a   (a) student   (b) teacher.

3.   Sophia's sister is a   (a) high school student   (b) college student.

4.   Steve has a   (a) younger sister   (b) younger brother.

CONVERSATION 2

A.   Listen and write the words you hear. ▶

   1. _____

   2. _____

   3. _____

   4. _____

   5. _____

   6. _____

B.   Write the appropriate antonym for each word.

   1. 있다   –   [없다   ]

   2. 좋다   –   [   ]

   3. 싸다   –   [   ]

   4. 크다   –   [   ]

   5. 맛없다   –   [   ]

   6. 재미있다 –   [   ]

PRONUNCIATION PRACTICE 2 ▶
봐요 VS. 보아요
줘요 VS. 주어요
배워요
마셔요

BASE DIALOGUE 4 ▶	소피아:	리사 씨, 아파트에 방이 몇 개 있어요?
	리사:	세 개 있어요.
	소피아:	룸메이트 있어요?
	리사:	네, 두 명 있어요.

C.   Listen to the questions and write your own responses in complete sentences. ▶

1. _____.

2. _____.

3. _____.

4. _____.

5. _____.

D.   Listen to the conversation between Sophia and Steve and mark the following
     statements T(rue) or F(alse). ▶

1.   There are two rooms in Steve's apartment. [   ]

2.   Steve's roommate is a junior in college.   [   ]

3.   Sophia's roommate is a senior in college.   [   ]

4.   Mark is studying biology.   [   ]

5.   Yumi is studying history.   [   ]

BASE DIALOGUE 5 ▶ 소피아: 이거 리사 책이에요?

리사: 아니요, 스티브 거예요.

E. Translate the following phrases into Korean using possessive expressions, as shown in the example (1).

1. Sandy's book: _____샌디 책_____

2. my dormitory room: _____

3. my friend's younger brother: _____

4. my teacher's textbook: _____

5. today's news (뉴스): _____

6. mine: _____

F. Answer the questions based on the given pictures, as shown in the example (1).

스티브   제니   폴   리사   마이클   유미

1. A: 이거 누구 책이에요? B: _____스티브 거예요._____

2. A: 이거 누구 가방이에요? B: _____.

3. A: 이거 누구 시계예요? B: _____.

4. A: 이거 누구 컴퓨터예요? B: _____.

5. A: 이거 누구 커피예요? B: _____.

6. A: 이거 누구 우산이에요? B: _____.

BASE DIALOGUE 6 ▶

소피아:	이거 리사 씨 가방이에요?
	가방이 참 커요. 그리고 예뻐요.
리사:	고마워요.

G. Complete the table below.

Dictionary form	Polite ending ~어/아요	Honorific ending ~(으)세요
싸다		——
	작아요	
보다		보세요
배우다		
주다		주세요
		지내세요
마시다		
		나쁘세요
	가요	
예쁘다		
크다		크세요

H. Complete the following sentences using the adjectives and verbs provided in Table G.

1. 마이클 가방이 _____. 가방 안에 사전, 우산, 책, 컴퓨터가 있어요.

2. 민지 어머니는 아주 _____.

3. 내 친구 리사는 중국어를 _____.

    그리고 리사 어머니는 일본어를 _____.

4. 저는 동생하고 텔레비전을 _____. 그리고 아비지는 책을 보세요.

5. 학교 식당 음식이 참 _____. 그래서 식당에 자주 _____.

6. A: 선생님, 요즘 어떻게 _____?

   B: 잘 _____.

I. Complete each sentence with the appropriate word using the ~어요/아요 form. Use each word **only once**.

| 공부하다 | 계시다 | 배우다 | 보다 | 없다 | 이다 | 있다 | 좋다 |

마이클은 제 룸메이트예요. 마이클은 보스턴 대학교 학생이에요. 마이클은 한국어를

_____. 마이클 집은 한국에 _____. 아버지하고 어머니는 한국에 _____.

누나는 뉴욕에 있어요. 대학원생_____. 그리고 누나는 중국어를 _____.

여동생도 뉴욕에 있어요. 고등학생이에요. 마이클은 여동생하고 사이가 아주 _____.

남동생은 _____. 내일 마이클은 한국어 시험을 _____. 그래서 지금 도서관에

있어요.

J. Listen to the questions based on the above narration. Then answer the questions in complete sentences. ▶

1. _____.

2. _____.

3. _____.

4. _____.

5. _____.

WRAP-UP EXERCISES

A. Listen for the differences between the two sentences. One sentence in each pair will be repeated. Circle the one that is repeated. ▶

    1.   11일이에요.   12일이에요.

    2.   20일이에요.   21일이에요.

    3.   민지가 나빠요.   민지가 예뻐요.

    4.   우리 반이에요.   우리 방이에요.

    5.   어머니는 어디 가세요?   어머니는 어디 계세요?

    6.   방이 비싸요.   방이 싸요.

    7.   제 거예요.   저희 거예요.

B. Complete each sentence with the appropriate [number + counter] forms using the given cues.

    1.   1달러는 _____(1,220 won)이에요.

    2.   마이클은 _____ ($250) 있어요.

    3.   서점은 _____(7th floor)에 있어요.

    4.   역사 수업에 학생이 _____ (18 students) 있어요.

    5.   오늘은 _____(June 29th)이에요.

C. Listen to the narration and complete the following table. ▶

Name	School year	Courses	Home	Siblings
소피아	3학년			언니, 오빠
유미				
마이클				

D. Read the following passage about Minji's family and answer the questions in English.

우리 부모님은 한국에 계세요. 아버지는 역사 선생님이세요. 그리고 어머니는 영어 선생님이세요. 저는 오빠하고 여동생이 있어요. 오빠도 한국에 있어요. 오빠는 대학원생이에요. 생물학을 공부해요. 여동생하고 저만 보스턴에 있어요. 요즘 제 동생도 한국어를 배워요. 매일 동생하고 한국어를 공부해요. 저하고 동생은 사이가 아주 좋아요.

1. Where are Minji's parents? _____

2. What do Minji's parents do? _____

3. What does Minji's brother do? _____

4. Where does Minji live? _____

5. What is Minji's sister learning? _____

E. Translate the following sentences into Korean.

1. How many younger siblings do you have?

_____?

2. Do you have a younger brother or sister?

_____?

3. Whose room is this?

   _____?

4. The Korean classroom is on the fifth floor.

   _____.

5. How many chairs are there in the classroom?

   _____?

6. My younger sister has three Korean friends.

   _____.

F. Read the following passages and answer the questions.

소피아

저는 대학교 3학년 학생이에요. 집이 엘에이예요. 경제학을 공부해요. 수업이 많아요. 그래서 아주 바빠요. 남자 친구가 뉴욕에 있어요.

폴

저는 중국 사람이에요. 지금 보스턴 대학교 4학년이에요. 한국어를 공부해요. 매일 수업이 있어요. 그래서 바빠요*. 한국어가 재미있어요. 그런데 숙제가 많아요.

*바쁘다 to be busy

수지

1학년이에요. 저는 미국 사람이에요. 저는 수업이 많아요. 한국어, 중국어, 역사, 그리고 경제학을 공부해요. 집이 하와이예요.

마이클

저는 대학교 1학년 학생이에요. 집이 뉴욕이에요. 친구가 대학교 4학년이에요. 뉴욕에 있어요. 친구는 한국 역사를 공부해요.

---

1. Write what the following students have in common, as shown in the example (a).

   a. [소피아 and 폴] _____바빠요._____

b. [폴 and 수지] _____ .

c. [수지 and 마이클] _____ .

d. [소피아 and 수지] _____ .

e. [소피아 and 마이클] _____ .

2. Based on the information in the passages above, answer the following questions in complete sentences.

a. 누가 중국 사람이에요? _____ .

b. 누가 매일 수업이 있어요? _____ .

c. 누가 3학년 학생이에요? _____ .

d. 누가 경제학을 공부해요? _____ .

e. 누가 보스턴 대학교 학생이에요? _____ .

G. Write a short essay about your best friend in complete sentences. Include information such as his/her school year, major, nationality, hometown, family, etc.

_____

_____

_____

_____

_____

_____

CONVERSATION 1

A. For each word you hear, find the matching picture and write the corresponding number in the appropriate space. ▶

[　1　]　　　　　[　　　]　　　　　[　　　]

[　　　]　　　　　[　　　]　　　　　[　　　]

B. Match each word in the left column with the most closely related word in the right column.

컴퓨터　•　　　　　　　　　•　식당

점심　•　　　　　　　　　•　커피숍

커피　•　　　　　　　　　•　랩

책　•　　　　　　　　　•　백화점

선물　•　　　　　　　　　•　서점

C.　Write each word beneath the corresponding picture, as shown in the example.

| 선물하다 | 쇼핑하다 | 연습하다 | 운동하다 | 인사하다 | 테니스 치다 |

| 테니스 치다 | | |

| | | |

D.　Listen and write the words you hear. ▶

1.　가방을 ＿＿＿＿＿＿＿＿＿.

2.　책이 ＿＿＿＿＿＿＿＿＿.

3.　친구를 ＿＿＿＿＿＿＿＿.

4.　친구가 ＿＿＿＿＿＿＿＿.

5.　＿＿＿＿＿＿＿ 계세요.

6.　＿＿＿＿＿＿＿＿＿＿＿.

BASE DIALOGUE 1 ▶

제니:	민지 씨, 어디 가세요?
민지:	공원에 가요. 제니 씨는요?
제니:	서점에 가요. 매일 서점에서 일해요.

E.   Use the pictures to answer the question"어디 가세요?", as shown in the example (1).

1.

<u>　학교에　</u> 가요.

2.

_____ 가요.

3.

_____ 가요.

4.

_____ 가요.

5.

_____ 가요.

F.   어디서…? Use the pictures to answer the questions, as shown in the example (1).

1.

A: 어디**서** 저녁을 먹어요?

B: <u>　집에서　</u> <u>　먹어요　</u>.

2.

A: 어디서 숙제해요?

B: _____ _____.

3.

A: 어디서 일해요?

B: _____ _____.

4.

A: 어디서 운동해요?

B: _____ _____.

G.   Circle the most appropriate option to complete each sentence.

1.   교실이 학생회관 뒤[에 / 에서] 있어요.   2.   토니 형이 대학교[에 / 에서] 영어를 가르쳐요.

3.   리사가 공원[에 / 에서] 운동해요.   4.   룸메이트 방[에 / 에서] 책이 많아요.

5.   친구하고 서점[에 / 에서] 만나요.   6.   제니는 내일 한국[에 / 에서] 가요.

H.   Complete the conversations by using 에 or 에서, as shown in the example (1).

1.   A: 어디 가세요?

B: 학교 식당 __에__ 가요.

A: 학교 식당이 어디 있어요?

B: 학생회관 1층 __에__ 있어요.

2.   A: 어디 가세요?

B: 학생 회관 _____ 가요.

A: 학생 회관 _____ 뭐 해요?

B: 룸메이트를 만나요.

3. A: 마크 씨 어디 있어요?

   B: 컴퓨터 랩_____ 있어요.

   A: 컴퓨터 랩_____ 뭐 해요?

   B: 한국어를 연습해요.

4. A: 내일 어디_____ 만나요?

   B: 백화점_____ 만나요.

   A: 네, 좋아요. 그럼 내일 백화점_____ 봐요.

I. Complete each sentence with the appropriate word. Use each word **only once**.

그런데	그래서	그럼	또	하고

1. 내일이 친구 생일이에요. _____ 오늘 백화점에 선물을 사러 가요.

2. 저는 한국어_____ 경제학을 공부해요.

3. A: 제니 씨, 오래간만이에요.

   B: 네, 오래간만이에요. _____ 지금 어디 가세요?

4. A: 그럼, 다음에 _____ 봐요.

   B: 네, 안녕히 가세요.

5. A: 오늘은 시간이 없어요.

   B: _____, 내일은 어때요?

   A: 내일은 괜찮아요.

> **PRONUNCIATION PRACTICE 1** ▶
> 도 (particle) VS. 또 (adverb)
> 아침, 점심, 저녁
> 백화점, 서점

BASE DIALOGUE 2 ▶

린다:	제니 씨, 오늘 뭐 하세요?
제니:	백화점에 가요.
	동생이 백화점에서 일을 해요.
린다:	아, 그래요?

J.   Complete each sentence with the appropriate particles, as shown in the example (1).

1.   스티브 __가__ 도서관 __에서__ 책 __을__ 읽어요.

2.   엘렌_____ 백화점_____ 생일 선물_____ 사요.

3.   리사_____ 친구_____ 커피숍_____ 만나요.

4.   마이클_____ 공원_____ 테니스_____ 쳐요.

5.   선생님_____ 교실_____ 경제학_____ 가르치세요.

K.   Use the pictures to answer the question "뭐 해요?", as shown in the example (1).

1.   스티브

스티브가 학교 식당에서 점심을 먹어요.

2.    소피아

_____.

3.   마이클

_____.

4. 엘렌 _____.

5. 유미 _____.

L. Listen and find out who is doing which activity. Then, match each person with their corresponding activity and write their current location (in English), as shown in the example. ⊙

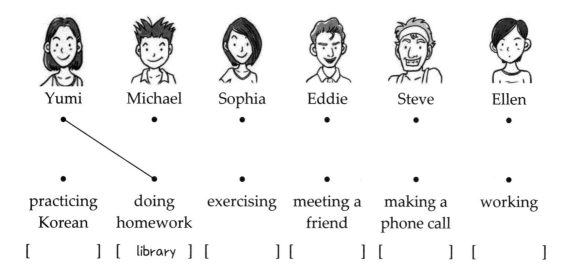

M. Listen to the conversation between Jenny and Steve and mark the following statements T(rue) or F(alse). ⊙

1. _____ Jenny and Steve see each other every day.

2. _____ Steve is on his way to meet his younger sister.

3. _____ Jenny is on her way to the library now.

4. _____ Jenny's friend works at the bookstore.

CONVERSATION 2

A. Listen and circle the words you hear. ▶

    1. who / when / where / what / how / why

    2. who / when / where / what / how / why

    3. who / when / where / what / how / why

    4. who / when / where / what / how / why

    5. who / when / where / what / how / why

B. Listen and write the words you hear. ▶

    1. _____   2. _____

    3. _____   4. _____

    5. _____   6. _____

C. Match each word in the left with the most closely related word in the right column, as shown in the example.

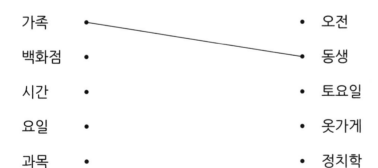

가족	오전
백화점	동생
시간	토요일
요일	옷가게
과목	정치학

D. Write each word beneath the corresponding picture, as shown in the example.

| 가르치다 | 걷다 | 듣다 | 일하다 | 전화하다 | 사다 |

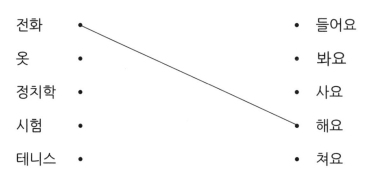

| 일하다 | | |

| | | |

E. Match each word in the left column with the most closely related word in the right column, as shown in the example.

전화　•　　　　　　　　•　들어요

옷　•　　　　　　　　•　봐요

정치학　•　　　　　　　•　사요

시험　•　　　　　　　•　해요

테니스　•　　　　　　　•　쳐요

F. 뭐예요? After reading all the clues, write the name of the object on the line below.

1. 이것은 방 안에 있어요.
2. 교실 안에도 있어요.
3. 이것은 번호가 있어요.
4. 사람들은 이것을 봐요.
5. 이것은 '시'하고 '분'이 있어요.

→ ＿＿＿＿＿＿＿＿

BASE DIALOGUE 3 ▶	마이클:	수업이 몇 시에 있어요?
	샌디:	11시에 있어요.
	마이클:	그럼, 오후 1시에 도서관 앞에서 봐요.
	샌디:	네, 좋아요.

G. Fill in the [   ] with the appropriate time expressions.

1. 오전 – [   ]

2. 아침 – [   ] – 저녁

3. 년 – [   ] – [   ]

4. 월요일 – [   ] – 수요일 – [   ] – 금요일 – 토요일 – [   ]

H. 몇 시예요? Based on the given information, write the correct time, as shown in the examples.

_____한___ 시   _____ 시   _____ 시   _____ 시   _____ 시

1. 1:15   ___한___ 시 __십오__ 분   2. 5:30   _____ 시 _____ 분

3. 7:56   _____ 시 _____ 분   4. 10:38   _____ 시 _____ 분

I. Listen and write the times you hear in Arabic numerals (e.g., 1, 2, 3), as shown in the example (1).

1. __2__ 시 __30__ 분   2. _____ 시 _____ 분   3. _____ 시 _____ 분

4. _____ 시 _____ 분   5. _____ 시 _____ 분   6. _____ 시 _____ 분

J. Use the pictures to write about your daily schedule (e.g., what time, where, and with whom you do each activity), as shown in the example (1).

1.

일어나다 'to get up'

저는 오전 일곱 시 삼십 분에 일어나요.

2.

_____.

3.

_____.

4.

_____.

5.

_____.

6.

_____.

PRONUNCIATION PRACTICE 2 ▶

듣다   들어요
걷다   걸어요

BASE DIALOGUE 4 ▶	마이클:	샌디 씨, 오늘 뭐 하세요?
	샌디:	오전에 수업 들으러 학교에 가요.
		그리고 오후에는 친구 만나러 커피숍에 가요.

K.   Use the ~(으)러 pattern to complete each sentence, as shown in the example (1).

1.

리사는 ___점심을___ ___먹으러___ 식당에 가요.

2.

소피아는 _____ _____ 백화점에 가요.

3.

마이클은 _____ _____ 도서관에 가요.

4.

선생님은 _____ _____ 교실에 가요.

5.

스티브는 _____ _____ 커피숍에 가요.

I. Use the ~(으)러 pattern to complete each conversation, as shown in the example (1). Use each word **only once**.

듣다	만나다	먹다	사다	쇼핑하다	연습하다

1. A: 어디 가요?

   B: 옷 ___사러___ 옷가게에 가요.

2. A: 어디 가요?

   B: 저녁 _____ 식당에 가요.

3. A: 컴퓨터 랩에 가세요?

   B: 네, 한국어 _____ 가요.

4. A: 어디 가세요?

   B: 동생을 _____ 커피숍에 가요.

5. A: 수업에 가세요?

   B: 네, 정치학 수업 _____ 가요.

6. A: 어디 가세요?

   B: _____ 백화점에 가요.

M. Lisa and Mark are making plans to meet. Put their conversation in the correct order.

```
  Dialogue
---------------
 [ C ] → [   ]
→ [   ] → [   ]
→ [   ] → [   ]
   → [ B ]
```

A 리사: 내일 오전에는 수업이 3과목 있어요.

B 마크: 네, 그럼 내일 봐요.

C 마크: 내일 오전에 시간 있어요?

D 리사: 오후에는 시간이 있어요. 3시 어때요?

E 리사: 그럼 오후 3 시에 기숙사 앞에서 만나요.

F 마크: 그럼, 오후는 어때요?

G 마크: 3시 저도 좋아요.

N. Listen to the questions and write your own responses in complete sentences. ▶

1. _____.

2. _____.

3. _____.

4. _____. (Use the ~(으)러 pattern.)

5. _____. (Use the ~(으)러 pattern.)

WRAP-UP EXERCISES

A. For each picture, write the corresponding greeting in Korean.

Long time no see.

Where are you going?

Please greet each other.

1. _____ .

2. _____ ?

3. _____ .

See you again next time.

Good-bye (to the one staying).

Good-bye (to the one leaving).

4. _____ .

5. _____ .

6. _____ .

B. Listen and circle the word that matches each description. ▶

1. 공원 / 백화점 / 옷가게 / 커피숍

2. 컴퓨터 랩 / 백화점 / 서점 / 식당

3. 서점 / 식당 / 우체국 / 커피숍

4. 교실 / 도서관 / 서점 / 학생회관

C. Listen for the difference between the two sentences. One sentence in each pair will be repeated. Circle the one that is repeated. ▶

1. 도서관에 있어요.   도서관에서 읽어요.

2. 어디서 사요?   어디가 싸요?

3. 아버지는 어디 계세요?   아버지는 어디 가세요?

4. 셀리 씨는 어디 가세요?   셀리 씨는 어디 사세요?

5. 월요일에 백화점에 가요.   일요일에 백화점에 가요.

D. Complete each sentence by using the appropriate particle, as shown in the example (1).

1. 스티브 / 오전 / 서점 / 일하다

   → ___스티브**는** 오전**에** 서점**에서** **일해요**.___

2. 제니 / 오후 / 공원 / 걷다

   → 제니는 오후_____ 공원_____ _____.

3. 엘렌 / 이번 학기 / 3과목 / 듣다

   → 엘렌_____ 이번 학기_____ 3과목_____ _____.

4. 마이클 / 생일 선물 / 사다 / 백화점 / 가다

   → 마이클_____ 생일 선물_____ 사_____ 백화점_____ 가요.

5. 린다 / 오전 10시 / 정치학 수업 /듣다 / 학교/ 가다

   → 린다는 오전 10 시_____ 정치학 수업을 _____ 학교_____ 가요.

E. Complete each conversation by asking the appropriate questions.

1. A: _____?

   B: 제 생일은 9월 30일이에요.

2. A: _____?

   B: 오전 10시에 한국어 수업을 들으러 가요.

3. A: _____?

   B: 이번 학기에 4과목을 들어요.

4. A: _____?

   B: 도서관에서 친구들을 만나요.

5. A: _____?

   B: 룸메이트하고 같이 쇼핑하러 가요.

F.   Read the following passage and answer the questions.

> 오늘은 제니 생일이에요. 그래서 친구들하고 같이 생일 파티[1]를 해요. 스티브, 마이클, 리사,
> 소피아가 제니 친구들이에요. 제니하고 친구들은 한국어 수업을 같이 들어요. 오전에
> 스티브하고 마이클은 제니 선물을 사러 백화점에 가요. 그리고 리사하고 소피아는 케이크[2]를
> 사러 빵집[3]에 가요. 제니하고 제니 친구들은 리사 집에서 오후 한 시에 만나요. 리사 집에서
> 같이 파티를 해요. 그리고 저녁에 제니는 부모님하고 저녁을 먹어요. 제니 언니하고 남동생도
> 오랜간만에 같이 만나요. 한국 음식을 _____ 한국 식당에 가요. 제니는
> 한국 음식을 아주 좋아해요.   파티[1] 'party'   케이크[2] 'cake'   빵집[3]
> 'bakery'

1.   오늘 누구 생일이에요?

     a.   마이클   b.   소피아   c.   스티브   d.   제니

2.   제니하고 제니 친구들은 뭐를 같이 공부해요?

     a.   economics   b.   biology   c.   politics   d.   Korean

3.   스티브하고 마이클은 오전에 뭐 해요?

     a.   파티하러 리사 집에 가요.   b.   선물을 사러 백화점에 가요

     c.   빵을 사러 빵집에 가요.   d.   제니 씨 가족을 만나러 집에 가요.

4.   제니하고 제니 친구들은 어디서 만나요?

     a.   classroom   b.   Lisa's house

     c.   department store   d.   Korean restaurant

5.   제니는 부모님을 언제 만나요?

     a.   오전   b.   오후   c. 저녁

6.   제니는 부모님하고 같이 뭐 해요? Complete the following sentence.

     →   한국 음식을 _____ 한국 식당에 가요.

G.   Based on your conversation, write your classmate's plans using as much detail as
      possible (e.g., what she/he will be doing today, when, where, and with whom).

A: _____ 씨, 오늘 뭐 하세요?

B: _____ 에 가요.

A: 아, 그래요?

B: _____ 에 _____(으)러 가요.

A: 언제 가세요?

B: _____ 시에 가요.

A: 누구하고 같이 가세요?

B: _____ 하고 같이 가요.

       . . . . . .

6 나의 하루 My Day

CONVERSATION 1

A. For each picture, write the corresponding word.

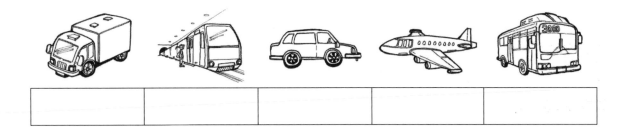

B. For each word you hear, find its matching picture and write the corresponding number in the appropriate space. ▶

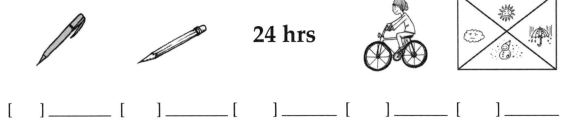

[   ] _____   [   ] _____   [   ] _____   [   ] _____   [   ] _____

C. Write each word under its corresponding category.

가깝다   어렵다   덥다   멀다   쉽다   얼마나   조금   춥다

Distance	Quantity	Weather	Difficulty

D.   Make sentences by matching the items in the left column with those in the right column, as shown in the example.

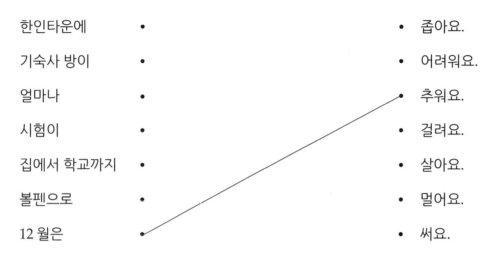

한인타운에	•		•	좋아요.
기숙사 방이	•		•	어려워요.
얼마나	•		•	추워요.
시험이	•		•	걸려요.
집에서 학교까지	•		•	살아요.
볼펜으로	•		•	멀어요.
12 월은	•		•	써요.

E.   Use the words in the box below to describe how often you do each activity, as shown in the example.

매일 매주 매달 매년 (매- 'every')

매일	학교에 가요.
	도서관에 가요.
	운동해요.
	햄버거를 먹어요.
	한국에 가요.
	책을 읽어요.
	어머니를 만나요.
	텔레비전을 봐요.

BASE DIALOGUE 1 ▶	마이클:	어디(에서) 살아요?
	제니:	학교 앞 아파트에서 살아요.
	마이클:	집에서 학교까지 얼마나 걸려요?
	제니:	10 분쯤 걸려요.

F. Complete each conversation with the appropriate particle(s), as shown in the example (1).

까지 에 에서

1. A: 보통 어디___에서___ 공부해요?

    B: 보통 기숙사_____ 공부해요.

2. A: 집_____ 학교_____ 얼마나 걸려요?

    B: 40 분쯤 걸려요.

3. A: 제니 씨는 어디_____ 일해요?

    B: 저는 학교 앞 커피숍_____ 일해요.

4. A: 오늘 파티_____ 가세요?

    B: 아니요, 못 가요. 오늘은 집_____ 공부해요.

G. Use the information from the table below to answer the question "얼마나 걸려요?", as shown in the example (1).

	From	To	Time
1.	NY	Boston	5 hrs
2.	Korea	Japan	2 hrs
3.	dorm	school	15 min
4.	apartment	post office	20 min
5.	home	Koreatown	1½ hrs

1. ___뉴욕에서 보스턴까지 다섯 시간 걸려요.___

2. _____.

3. _____.

4. _____.

5. _____.

BASE DIALOGUE 2 ▶

마이클:	집에서 학교까지 멀어요?
제니:	아니요, 가까워요.
	자전거로 5분 걸려요.

H.   Complete each sentence with the appropriate word using the ~어요/아요 form, as shown in the example (1). Use each word **only once**.

가깝다	덥다	쉽다	어렵다	춥다	좁다

1. 한국은 8월에 날씨가 아주 _____더워요_____ .

2. 한국어는 _____ . 그리고 아주 재미있어요.

3. 집에서 학교까지 아주 _____ . 걸어서 3분 걸려요.

4. 오늘은 30°(F)예요. 날씨가 좀 _____ .

5. 생물학 수업이 _____ . 그래서 매일 공부해요.

6. 제 방은 아주 _____ . 그런데 제 친구 방은 아주 넓어요.

I.   Use the pictures to answer the question below, as shown in the example (1).

Q.   백화점에 어떻게 가요?

1.   _____버스로_____ 가요.

2.   _____ 가요.

3.   _____ 가요.

4.   _____ 가요.

5.   _____ 가요.

PRONUNCIATION PRACTICE 1 ▶

걸려요 VS. 걸어요

걸**려**요 as in **여**자, **형**, **역**사

걸**어**요 as in **어**디, **러**시아워 (rush hour)

J.   Complete each conversation by using the appropriate words from the box below.
     Use one adverbials and one predicate for each line.

Adverbials	걸어서	어디	얼마나	아주
Predicates	가까워요	가요	살아요	걸려요

1.   마이클: 제니 씨, _____ _____?

     제니: 한인타운에 살아요.

     마이클: 집에서 학교까지 _____ _____?

     제니: 버스로 30분쯤 걸려요.

2.   제니: 마이클 씨, 집에서 학교까지 멀어요?

     마이클: 아니요, _____ _____.

             저는 학교 앞 아파트에 살아요.

     제니: 그럼 학교에 어떻게 가요?

     마이클: 보통 _____ _____.

K.   Listen to the conversation between Michael and Jenny and circle the correct answer to each question.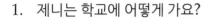

1.   제니는 학교에 어떻게 가요?

a.   b    c.   d.

2.   마이클 집에서 학교까지 얼마나 걸려요?

a.   10 min   b.   20 min   c.   30 min   d.   40 min

3.   마이클 아파트 앞에는 뭐가 있어요?

a.   b.    c.   d.

PRONUNCIATION PRACTICE 2 ▶

으러 VS. 으로

으러 as in **커**피, 캠**퍼**스, 햄버**거**, 한국**어**
으로 as in **오**늘, **보**다, 그리**고**, 시카**고**

CONVERSATION 2

A. Select two words that can be attached to the prefix 매- and two that can be attached to the suffix -장. (e.g., 매 + 년 → 매년)

일   오전   수영 하루   주   테니스 가게

매-	**-장**

B. Write each word beneath the corresponding picture.

음악	주말	시간	수영	클래식

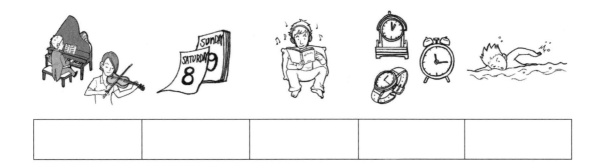

C. For each word you hear, find its matching English definition and write the corresponding number in the appropriate space. ▶

to not know   to drive   to get up   to live   to be busy

[   ] _____ [   ] _____ [   ] _____ [   ] _____ [   ] _____

D. Complete the table below.

	English	~어/아요	~었/았어요
가다	'to go'		
듣다		들어요	
맛있다			
먹다			먹었어요
수영하다			
쓰다		써요	
앉다	'to sit'		
춥다			추웠어요

E. Make sentences by matching the items in the left column with those in the right column.

테니스를 •   • 가요

수영을 •   • 쳐요

아침 7시에 •   • 걸려요?

공원에 •   • 일어나요

얼마나 •   • 해요

F. Change the following dialogue into the past tense.

영미: 오늘 오후에 뭐 해요?

린다: 파티에 가요.

영미: 누구 파티예요?

린다: 샌디 씨 생일 파티예요.

영미: 그럼, 저녁에는 뭐 해요?

린다: 한국 드라마 봐요.

영미: 한국 드라마 재미있어요?

린다: 네, 아주 재미있어요.

영미: 어제 오후에 뭐 했어요?

린다: 파티에 _____.

영미: 누구 파티_____?

린다: 샌디 씨 생일 파티_____.

영미: 그럼, 저녁에는 뭐 _____?

린다: 한국 드라마 _____.

영미: 한국 드라마 _____?

린다: 네, 아주 _____.

BASE DIALOGUE 3 ▶	마이클:	어제 뭐 했어요?
	유미:	학교 수영장에서 수영했어요.
		마이클 씨는요?
	마이클:	친구 생일 파티에 갔어요.

G.   Use the pictures to answer the question below, as shown in the example.

Q: 주말에 뭐 했어요?

공부했어요		

H.   Complete Minji's journal entry by using the appropriate verbs and adjectives, as shown in the example.

가까워요
가요
갔어요
마셨어요
많았어요
맛있었어요
먹었어요
어려웠어요
~~일어났어요~~
잤어요

어제는 아침 9시에   일어났어요   . 그래서 한국어 수업에 못 갔어요.

아침도 못 먹었어요. 주스만 _____ . 11시에는 생물학 시험이 있었어요.

아주 _____ . 점심은 학교 식당에서 친구들하고 같이 _____ .

음식이 참 _____ . 그리고 숙제하러 도서관에 _____ . 도서관은

기숙사에서 _____ . 그래서 도서관에 매일 _____ . 어제는

숙제가 너무 _____ . 그래서 밤 ('night') 12시에 _____ .

I.　Create a short dialogue for each activity using the past tense, as shown in the example (1).

1.

　　A:　몇 시에 일어났어요?

　　7:30 am　B:　일곱 시 삼십 분에 일어났어요.

2.

　　A:　몇 시에 _____?

　　9:15 am　B:　_____.

3.

　　A:　_____?

　　12:45 pm　B:　_____.

4.

　　A:　_____?

　　6:30 pm　B:　_____.

Base Dialogue 4 ▶

마이클:	유미 씨, 테니스 쳐요?
유미:	아니요, 저는 테니스 안 좋아해요.
	잘 못 쳐요.

J.　Complete each sentence by inserting the negative 안 in the correct position, as shown in the example (1).

1.　저는 내일 [　　　] 학교에 [　안　] 가요.

2.　마이클은 [　　　] 점심을 [　　　] 먹어요.

3.　이번 주말에는 집에 [　　　] 전화 [　　　] 했어요.

4.　매일 [　　　] 수영하러 [　　　] 가요.

5.　유미는 학교 도서관에서 [　　　] 일 [　　　] 해요.

6.　토요일에 린다하고 [　　　] 같이 [　　　] 공부 [　　　] 해요.

K.　Complete each response by providing a negative answer.

1.　A:　내일 학교에 **가요**?　　　　　B:　아니요, <u>　안 가요　　　　　</u>.

2.　A:　어제 시험 **있었어요**?　　　　B:　아니요, <u>　　　　　　　　</u>.

3.　A:　유미 전화 번호 ('number') **알아요**?　B:　아니요, <u>　　　　　　　</u>.

4.　A:　학교에 **전화했어요**?　　　　　B:　아니요, <u>　　　　　　　　</u>.

5.　A:　집이 **가까워요**?　　　　　　B:　아니요, <u>　　　　　　　　</u>.

6.　A:　유미 씨가 여자 친구**예요**?　　B:　아니요, <u>　　　　　　　　</u>.

L. Complete each conversation by using the appropriate words from the box below, as shown in the example (1).

(a)	뭐	못	수영	얼마나	잘
(b)	갔어요	쳤어요	해요	~~했어요~~	알아요

1. 마이클: 유미 씨, 지난 토요일에 _____ _____했어요____ ?

   유미: 친구하고 같이 수영장에 _____.

2. 유미: 마크 씨, 어제 수영했어요?

   마크: 아니요, 저는 수영 못 _____.

   어제 테니스장에서 테니스 쳤어요.

   유미: 테니스 _____ _____?

   마크: 한 시간쯤 쳤어요.

3. 유미: 마크 씨, 한국 역사 _____ _____?

   마크: 아니요. 잘 몰라요.

M. Listen to the conversation between Linda and Michael and mark the following statements T(rue) or F(alse). ▶

1. _____ Michael is on his way to a restaurant.

2. _____ Michael rarely eats lunch at home.

3. _____ Michael lives in a dorm.

4. _____ Linda lives with her parents.

5. _____ Linda usually eats lunch at the dorm cafeteria.

WRAP-UP EXERCISES

A.   Insert the missing vowels and consonants to complete the following words.

1.	ㅇ	ㅍ		'pencil'
2.	ㅈ	ㅎ	ㅊ	'subway'
3.	ㅂ	ㅎ	ㄱ	'airplane'
4.	ㅇ	ㅁ	ㄴ	'how long'
5.	ㅅ	ㅇ	ㅈ	'swimming pool'
6.	ㅇ	ㅇ		'music'

B.   Listen for the differences between the two sentences. One sentence in each pair will be repeated. Circle the one that is repeated. ▶

1. 못 왔어요.   몰랐어요.

2. 집까지 얼마나 걸려요?   집까지 얼마나 걸어요?

3. 방이 작아요?   방이 좁아요?

4. 많았어요.   만났어요.

5. 집이 멀어요?   집이 넓어요?

6. 저하고 같이 가요.   저하고 파티 가요.

7. 주스 안 마셨어요.   주스 안 마셔요.

8. 10분도 안 걸렸어요.   10분도 안 걸었어요.

9. 친구 만났어요?   친구 안 왔어요?

10. 어땠어요?   어떠세요?

C. Complete each sentence by using the appropriate particles, as shown in the example (1).

1. 내일 / 마이클 / 수영장 / 수영하다

   <u>　　　　　내일 마이클하고 수영장에서 수영해요　　　　　</u>.

2. 집 / 학교 / 지하철 / 한 시간 / 걸리다

   <u>　　　　　　　　　　　　　　　　　　　　　　　　</u>.

3. 보스턴 / 뉴욕 / 가깝다

   <u>　　　　　　　　　　　　　　　　　　　　　　　　</u>.

4. 기숙사 / 우체국 / 걷다 / 가다

   <u>　　　　　　　　　　　　　　　　　　　　　　　　</u>.

5. 린다 / 5시 30분 / 식당 / 저녁 / 먹다

   <u>　　　　　　　　　　　　　　　　　　　　　　　　</u>.

6. 오전 / 11시 / 유니온 빌딩 / 정치학 수업 / 듣다

   <u>　　　　　　　　　　　　　　　　　　　　　　　　</u>.

D. Listen to the narration about Michael's day. Write the time he did each activity in the corresponding box. If Michael did not do that activity today, put an X. ▶

1.

	학교에 버스로 갔어요.
	생물학 수업이 있었어요.
	아침을 먹었어요.
	일어났어요.

2.

	경제학 수업을 들었어요.
	서점에 갔어요.
	텔레비전을 봤어요.
	학교 식당에 갔어요.
	한국어 수업을 들었어요.

E. Complete the conversation using the narration provided below.

> 스티브는 이번 학기에 세 과목만 들어요. 한국 역사하고 일본 역사하고 일본어를 들어요.
> 한국어는 이번 학기에는 안 들어요. 그래서 학교에 매일 안 가요. 한국 역사하고 일본 역사는
> 재미있어요. 그런데 일본어는 숙제가 많아요. 그리고 어려워요. 그래서 세 시간쯤 시간이
> 걸려요. 스티브는 오전에만 수업이 있어요. 그래서 주말하고 오후에는 도서관에 일하러 가요.

유미: 스티브 씨, 이번 학기에 몇 과목 들어요 _____?

스티브: 저는 이번 학기에 세 과목만 들어요 _____.

유미: _____?

스티브: 한국 역사, 일본 역사, 그리고 일본어를 들어요 _____.

유미: 일본어 수업은 어때요 _____?

스티브: _____.

유미: 주말에는 _____?

스티브: _____.

F. Translate the following sentences into Korean.

1. 저는 _____ 가요.

    I don't go to school on Mondays.

2. 뉴욕_____ 보스턴_____ _____ 걸려요?

    How long does it take to get from New York to Boston?

3. 어제 _____?

    Why did you swim alone yesterday?

G. *Where were you yesterday afternoon?* There was a burglary in the neighborhood yesterday afternoon between 2 pm and 5 pm. Read the following alibi statements from four neighbors. Then complete the *Summary Table* and determine whose statement is inconsistent with the other statement.

수잔

저는 어제 오후 2시에 집에서 텔레비전을 봤어요. 2시간 봤어요. 그리고 4 시에 데니하고 공원에서 테니스를 쳤어요. 집에 6시에 왔어요.

마크

저는 어제 오후 2시에 선물을 사러 백화점에 갔어요. 걸어서 20분 걸렸어요. 백화점에서 소피아를 만났어요. 같이 우리 집에 갔어요. 버스로 갔어요. 6시에 우리 집에서 소피아하고 같이 저녁을 먹었어요.

소피아

어제 오후 1시에 서점에 갔어요. 그리고 2시에 백화점에 갔어요. 백화점에서 마크를 만났어요. 마크하고 같이 쇼핑했어요. 마크는 걸어서 집에 갔어요. 저는 버스로 마크 집에 갔어요. 6시에 마크 집에서 같이 저녁을 먹었어요.

데니

어제 오후 2시에 도서관에 있었어요. 도서관에 3시 30분까지 있었어요. 버스 안에서 소피아를 만났어요. 4시에 수잔하고 공원에서 테니스를 쳤어요.

Summary Table

	수잔	마크	소피아	데니
1:00 pm				
2:00 pm				
2:30 pm				
3:00 pm				
3:30 pm				
4:00 pm				
6:00 pm				

H. Write about your schedule between 1 pm and 6 pm yesterday in complete sentences.

_____

_____

_____

_____

_____

_____

_____

_____

주말 The Weekend

CONVERSATION 1

A. For each word you hear, find its matching picture and write the corresponding number and word in the appropriate space. ▶

[   ] _____   [   ] _____   [   ] _____   [   ] _____   [   ] _____

B. Match each word in the top row with the most closely related word in the bottom row, as shown in the example.

C. Cross out the word that does not belong in each group.

1. 극장, 수영장, 책장, 테니스장

2. 아주, 자주, 정말, 참

3. 내년, 올해, 작년, 주말

4. 여동생, 여자, 여학생, 여행

D. Fill in the [   ] with the appropriate time expressions.

1. [   ] – 오늘 – 내일

2. [   ] 주말 – 이번 주말 – [   ] 주말

3. 금요일 – [   ] – 일요일 – [   ]

4. 지난 달 – [   ] – [   ]

E. Complete the common expressions using the words in the box below. Use each word **only once**.

사	약속	액션	여름

1. _____ 계절   2. _____ 방학

3. _____ 시간   4. _____ 영화

F. 어디예요? After reading all the clues, complete the sentence by circling the correct answer.

1. 여기에 사람들이 아주 많아요.

2. 저는 보통 주말에 친구하고 같이 와요.

3. 여기서 두 시간쯤 있을 거예요.

4. 여기에는 의자가 아주 많아요.

5. 여기 안에서는 전화를 못 해요.

저는 지금
(지하철 / 백화점 / 영화관 / 수영장 / 마트)
안에 있어요.

BASE DIALOGUE 1 ▶

스티브:	린다 씨, 이번 주말에 약속 있으세요?
린다:	네, 친구하고 영화 볼 거예요. 스티브 씨는요?
스티브:	저는 한국 음식 먹으러 한인타운에 갈 거예요.

G. Complete the table below.

Dictionary form	~(으)ㄹ 거예요	Dictionary form	~(으)ㄹ 거예요
가다	갈 거예요	받다	받을 거예요
바쁘다		없다	
치다		괜찮다	
여행하다		걷다	
주다		덥다	

H. Predict the weather on the following days using the ~(으)ㄹ 거예요 pattern, as shown in the example (1).

1. Today

오늘은 날씨가 좋을 거예요.
_____

2. Tomorrow

_____.

3. Saturday

_____.

흐리다 'to be cloudy'

4. Sunday

_____.

I. Linda has a busy schedule tomorrow. Describe her schedule in complete sentences using the ~(으)ㄹ 거예요 pattern, as shown in the example (1).

1.

10:00 am   린다는 오전 열 시에 집에서 숙제할 거예요.

2.

11:00 am   _____.

3.

2:00 pm   _____.

4.

4:30 pm   _____.

J. Listen to the conversation between Linda and Steve. Then, listen to and answer the questions. ▶

1.   a.   b.   c.   d.

2.   a.   b.   c.   d.

3.   a.   tennis court   b.   market   c.   theater   d.   restaurant

BASE DIALOGUE 2 ▶

제니:	린다 씨는 이번 학기에 무슨 수업을 들으세요?
린다:	생물학하고 정치학하고 한국어를 들어요.
제니:	어느 수업이 재미있어요?
린다:	한국어요.

K.　Circle the most appropriate option to complete each sentence.

1.　A:　[무슨 / 어느] 악기를 좋아하세요?

　　B:　피아노를 좋아해요.

2.　A:　[무슨 / 어느] 나라 사람이세요?

　　B:　영국 사람이에요.

3.　A:　[무슨 / 어느] 식당에 자주 가세요?

　　B:　서울식당에 자주 가요.

4.　A:　[무슨 / 어느] 선물 받았어요?

　　B:　컴퓨터를 받았어요.

5.　A:　[무슨 / 어느] 학교 학생이에요?

　　B:　뉴욕대학교 학생이에요.

6.　A:　[무슨 / 어느] 운동을 좋아하세요?

　　B:　수영 좋아해요.

L.　Complete the following dialogue using 무슨 or 어느.

린다:　시험이 (1) _____ 요일에 있어요?

유미:　목요일에 있어요.

린다:　아, 그래요? 그럼 주말에 같이 영화 보러 가요.

유미:　좋아요. (2) _____ 영화를 좋아하세요?

린다:　저는 코미디 영화를 좋아해요. 유미 씨는 (3) _____ 나라 영화를 좋아하세요?

유미: 저는 한국 영화를 정말 좋아해요.

린다: 저도요. 그런데, (4) _____ 영화관에 자주 가세요?

유미: 브로드웨이 극장에 자주 가요.

린다: 그럼, 토요일에 브로드웨이 영화관에서 한국 코미디 영화를 봐요.

유미: 네, 좋아요.

M. Listen to the questions and write your own responses in complete sentences. ▶

1. _____.

2. _____.

3. _____.

4. _____.

5. _____.

N. Circle the most appropriate option to complete each sentence and fill in the blank using the word.

1. 저는 지금 대학교 4학년이에요. _____ 에 대학원에 갈 거예요. (내년 / 작년)

2. _____ 방학에 한국에 갈 거예요. 한국에서 한국어를 배울 거예요. (이번 / 지난)

3. 리사는 매일 한국어를 열심히 공부해요. 오늘도 _____ 컴퓨터 랩에서 한국어를 연습할

   거예요. (아마 / 정말)

4. 마이클은 테니스를 _____ 좋아해요. (아마 / 정말)

5. 그래서 테니스를 _____ 쳐요. 월요일, 수요일, 금요일, 토요일에 쳐요. (가끔 / 자주)

CONVERSATION 2

A. For each word you hear, find its matching picture and write the corresponding number in the appropriate space. ▶

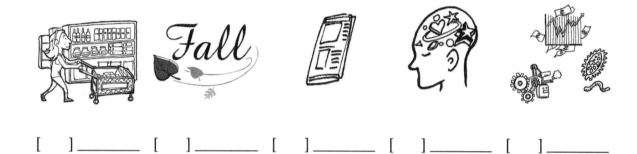

[   ]_____   [   ]_____   [   ]_____   [   ]_____   [   ]_____

B. Circle the appropriate meaning of the bolded syllables.

다음 **주**	주: Day, Month, Week		극**장**	장: Hobby, Place, Sports
주말			수영**장**	
내일	내: Future, Past, Present		심리**학**	학: Class, Study, Teach
내년			정치**학**	

C. Complete each sentence with the appropriate word. Use each word **only once**.

가을	겨울	여름	주	사계절	학기말

1-4. 한국에는 _____ 이 있어요. _____ 에는 보통 날씨가 더워요.

그리고 _____ 에는 추워요. 봄하고 _____ 에 날씨가 좋아요.

5. _____ 에 시험이 많아요. 그래서 아마 바쁠 거예요.

6. 다음 _____ 에 언니하고 여행 갈 거예요.

D. For each picture, write the corresponding word, as shown in the example.

일어나요			

E. Listen and number Linda's schedule in chronological order. ▶

1		

PRONUNCIATION PRACTICE 1 ▶
신문, 심리학, 사계절, 가을, 겨울

BASE DIALOGUE 3 ▶

샌디:	마이클 씨 어제 뭐 했어요?
마이클:	오전에 청소하고 오후에는 운동했어요.
	샌디 씨는 뭐 했어요?
샌디:	친구하고 같이 영화 보고 저녁 먹었어요.

F. Complete the passage with the given choices.

<table>
<tr><td rowspan="4">고
그리고
하고</td></tr>
</table>

리사 _____ 제니는 룸메이트 사이예요. 한국어 수업도 같이 들어요.
　　　　1.

_____ 테니스도 같이 배워요. 주말에도 시간을 같이 많이 보내요.
　2.

장도 보러 가_____ 집 청소도 하_____ 한국어 숙제도 같이 해요.
　　　　3.　　　　　　　　　4.

G. Combine the following pairs of sentences using ~고, as shown in the example (1).

1. 스티브는 하와이에서 살아요. 그리고 마이클은 보스턴에서 살아요.

   → 스티브는 하와이에서 __살고__ 마이클은 보스턴에서 살아요.

2. 기숙사 식당 음식이 맛있어요. 그리고 싸요.

   → 기숙사 식당 음식이 _____고 싸요.

3. 저는 3학년이에요. 그리고 제 동생은 1학년이에요.

   → 저는 3학년_____고 제 동생은 1학년이에요.

4. 리사는 주말에 테니스를 쳤어요. 그리고 영화도 봤어요.

   → 리사는 주말에 테니스를 _____고 영화도 봤어요.

5. 마이클은 음악을 들을 거예요. 그리고 스티브는 수영을 할 거예요.

   → 마이클은 음악을 _____고 스티브는 수영을 할 거예요.

H.   Describe the people's actions using the clausal connective ~고 ('and'), as shown in the example (1).

1.

마크   수잔

마크는 커피를 마시고 수잔은 신문을 읽어요.
_____

2.

리사   스티브

_____ .

3.

소피아   민지

_____ .

4.

제니, 폴   리사

_____ .

I.   Answer the following questions with the appropriate words using ~어요/아요 form, as shown in the example (1). Use each word **only once**.

넓다 많다 쉽다 싸다 예쁘다 재미있다 좋다 조용하다 춥다 흐리다

1. A: 음식이 어때요?

     B: __맛있__ **고** __싸요__ .

2. A: 도서관이 어때요?

     B: _____고 _____ .

3. A: 한국 옷이 어때요?

     B: _____고 _____ .

4. A: 수업이 어땠어요?

     B: _____고 _____ .

5. A: 이번 주말에 뉴욕 날씨 어때요?

     B: 아마 _____고 _____ .

BASE DIALOGUE 4 ▶

샌디:	이번 학기에 전공 수업 안 들어요?
제니:	네, 안 들어요.
샌디:	한국어 수업도 안 들어요?
제니:	아니요, 한국어 수업은 들어요.

J. Complete the following answers, as shown in the example (1).

1. A: 샌디 씨는 일본 사람 아니에요?

    B: ___네___ , 일본 사람 아니에요.

2. A: 한국 음식 안 좋아해요?

    B: _____, 좋아해요.

3. A: 수영 잘 못 해요?

    B: _____, 잘 못해요.

4. A: 샌디 씨 전화번호 몰라요?

    B: 아니요, _____.

5. A: 어제 집 청소 안 했어요?

    B: _____, 못 했어요.

6. A: 다음 주말에 시간 없어요?

    B: 아니요, _____.

K. Complete the conversations using negative questions, as shown in the example (1).

1. A: 마크 씨는 대학원생이 ___아니에요___ ?

    B: 네, 대학원생이 아니에요.

2. A: 매일 _____?

    B: 아니요, 운전해요.

3. A: 여행_____?

   B: 아니요, 좋아해요.

4. A: 샌디 씨 지금 _____?

   B: 아니요, 바빠요.

5. A: 파티에 _____?

   B: 네, 안 갈 거예요.

6. A: 학기말에 시험 _____?

   B: 아니요, 있어요.

L. Answer the following questions using complete sentences.

1. A: 집에서 학교까지 안 멀어요?

   B: _____.

2. A: 수영을 못 하세요?

   B: _____.

3. A: 운동을 자주 못 하세요?

   B: _____.

4. A: 매일 청소 안 하세요?

   B: _____.

5. A: 영화관에 자주 안 가세요?

   B: _____.

M. Listen for the difference between the two sentences. One sentence in each pair will be repeated. Circle the one that is repeated. ▶

1. 차가 안 올 거예요.   차가 많을 거예요.

2. 파티 안 갈 거예요?   파티 안 할 거예요?

3. 가을하고 봄   겨울하고 봄

4. 안 받았어요?   안 봤어요?

N. Listen to the conversation between Michael and Sophia and mark the following statements (T)rue or F(alse). ▶

1. _____   Sophia and Michael are going to the Christmas party together.

2. _____   Michael's parents live in Boston.

3. _____   Sophia knows how to cook Chinese food.

4. _____   Sophia has a busy schedule for next weekend.

PRONUNCIATION PRACTICE 2 ▶
얘기, 이야기
학기, 학기말
영화, 영화관
축하, 생일 축하

WRAP-UP EXERCISES

A. Complete the sentences with the appropriate forms of the verb "보다".

1. 저는 신문을 매일 안 _____요.

2. 내일은 친구하고 영화를 _____ 거예요.

3. 어제 시험을 _____어요. 그런데 시험이 아주 어려웠어요.

4. 집에 음식이 없어요. 같이 장 _____러 가요.

B. Complete each sentence with the appropriate word. Use each word **only once**.

가끔	많이	서로	아마	자주	특히

1. 제 동생하고 저는 자주 못 봐요. 그래서 _____ 전화를 많이 해요.

2. 소피아는 수영을 좋아해요. 그래서 _____ 수영장에 가요.

3. 마이클은 청소를 자주 안 해요. _____ 해요.

4. 어제 시험 공부를 못 했어요. 그래서 오늘 _____ 시험을 잘 못 볼 거예요.

5. 지난 주말에 친구들하고 오래간만에 이야기를 _____ 했어요.

6. A: 저는 한국 음식을 정말 좋아해요.

    B: _____ 뭐를 좋아하세요?

    A: 비빔밥이요.

C. Make your plans for the future using the sentence ending ~(으)ㄹ 거예요, as shown in the example (1).

1. 내년에 대학원에 갈 거예요.

2. 다음 달에 _____.

3. 30살에* _____.

4. 35살에 _____.

5. _____.

6. _____.

    *살: counter for age (30살에: at the age of thirty)

D. Describe your plans for next week using the clausal connective ~고 and the sentence ending ~(으)ㄹ 거예요, as shown in the example (1).

1. 월요일에 시험 공부하고 서점에 책 사러 갈 거예요. _____

2. 화요일에 _____.

3. 수요일에 _____.

4. 목요일에 _____.

5. 금요일에 _____.

6. 토요일에 _____.

7. 일요일에 _____.

E.   Translate the following questions into Korean.

1.   Which season do you like?

_____?

2.   What kind of movies do you like?

_____?

3.   Don't you often go to the movies?

_____?

4.   What do you usually do on the weekend?

_____?

5.   What are you going to do for winter vacation?

_____?

F.   Now, answer the questions you translated in Exercise E using complete sentences.

1.   _____.

2.   _____.

3.   _____.

4.   _____ 고 _____.

5.   _____ 고 _____.

G. Read the following passage and answer the questions.

> 어제 학기말 시험을 봤어요. 그래서 오늘은 리사가 집에서 친구들하고 파티를 해요. 아침에
>
> 서울마켓에 장을 보러 갔어요. 그리고 오후에 집에서 청소하고 음식을 준비했어요. 친구들이
>
> 한국 음식을 좋아해요. 그래서 한국 음식을 만들었어요. 저녁 6시에 친구들이 집에 올
>
> 거예요. 마이클은 케이크를 사고 소피아는 꽃을 살 거예요. 7시에 저녁을 먹고 8시에 집에서
>
> 영화를 같이 볼 거예요. 액션 영화를 볼 거예요. 영화를 보고 친구들하고 케이크를 먹을
>
> 거예요. 그리고 친구들하고 오래간만에 이야기도 많이 할 거예요. 파티가 아주
>
> 재미_____.

1. 언제 학기말 시험을 봤어요?

    a. the day before yesterday   b. today   c. yesterday

2. 리사는 아침에 뭐 했어요?

    a.    b.    c.    d.

3. 언제 친구들이 집에 올 거예요?

    a. 다섯 시   b. 여섯 시   c. 일곱 시   d. 여덟 시

4. 8시에 뭐 할 거예요?

    a.   b.    c.    d.

5. 무슨 영화를 볼 거예요?

    a. action   b. comedy   c. fantasy   d. horror

6. Complete the last sentence. 파티가 아주 재미_____.

H. Write about your plans for next summer vacation and compare them to your last summer vacation in detail. Make sure to incorporate **a variety of patterns**, such as ~었/았어요, ~(으)ㄹ 거예요, ~고, ~(으)러 가다, 안/못, and more.

_____

_____

_____

_____

_____

_____

_____

_____

단어 복습 **Vocabulary Review**

Lesson 1 & 2 Crossword Puzzle

1	2				3				4
			5						
		6			7	8			
9								10	
			11					12	
					13				
		14							
15					16	17		18	
				19					
			20				21		

Across

1. college student
3. "Hello."
6. the United Kingdom
7. food
9. the Korean language
11. morning; breakfast
12. test, exam
13. to study
15. to be interesting, fun
16. greeting
20. to go
21. to eat

Down

2. school year
4. these days
5. the United States
6. English
8. restaurant
10. to drink
11. very, really
14. to be delicious
17. person, people
18. to meet
19. to see, look, watch

Lesson 3 & 4 Word Search

Find the words for each description below. All words will occur horizontally or vertically—not diagonally.

인	작	오	싸	등	리	늘	다	실	대	우	일	지	다	의	침	아	니	마	교
고	누	나	고	동	관	상	책	사	체	비	컴	방	거	만	아	또	고	교	탄
형	집	문	회	집	있	하	와	이	워	희	오	사	우	지	어	전	내	사	하
홍	질	터	오	늘	구	지	니	머	강	버	캠	전	국	그	지	워	욕	고	제
아	메	먹	빠	너	국	기	다	언	부	옆	룸	오	시	다	뉴	서	양	등	요
오	우	퓨	사	마	콩	원	산	니	점	숙	밑	이	개	가	자	언	다	학	퍼
누	비	싸	다	월	층	가	스	샤	모	쓰	무	만	열	저	읽	남	동	생	산
학	다	생	로	보	하	나	어	여	그	런	데	세	레	학	달	역	작	물	의
공	사	디	가	방	다	스	읽	있	래	학	간	거	아	오	작	어	이	경	늘
시	할	난	전	자	하	사	예	콩	서	화	밖	빌	나	서	심	있	군	이	문
명	과	고	층	로	한	제	부	밥	트	사	딩	아	교	딩	없	다	빌	나	위
일	나	크	쁘	님	네	오	님	일	복	학	매	주	참	두	상	학	밑	사	경
예	쁘	다	교	시	계	방	무	단	홀	숙	로	흥	파	대	집	시	뒤	다	자
나	다	숭	련	간	컴	명	권	데	이	실	스	배	나	찌	하	알	다	인	질
동	열	여	점	부	제	니	히	의	트	내	앤	계	러	읽	홍	히	스	이	회
마	만	아	년	다	심	보	년	자	심	생	젤	하	우	다	히	그	부	채	소
턴	우	자	집	래	배	까	열	구	집	그	레	시	마	험	학	비	모	호	그
텔	과	생	돈	스	우	레	산	좀	아	남	스	인	사	영	원	비	님	생	학
다	남	인	사	하	다	자	차	동	하	늘	후	의	한	금	사	빠	이	오	관
서	원	자	랑	그	학	회	화	전	래	시	런	대	험	은	오	그	다	위	책

- so, therefore
- to be bad
- clock, watch
- Hawaii
- older sister (of a female)
- to be expensive

- relationship, between
- but, however
- Los Angeles
- bag
- older brother (of a female)
- to greet

- today
- to not be (existence)
- high school student
- to be pretty
- older brother (of a male)
- dictionary

- younger brother
- to learn
- parents
- to have
- older sister (of a male)
- time

Lesson 5 & 6 Crossword Puzzle

Across

2. often, frequently
5. to not know
6. Tuesday
8. yesterday
9. to be uninteresting
11. tennis
12. political science
16. am
17. Friday
18. to like

Down

1. to teach
3. weekend
4. to call (by telephone)
7. to get up
10. bus
13. semester, academic term
14. to exercise, work out
15. Thursday
16. afternoon, pm

Lesson 7 Word Search

Find the words for each description below. All words will occur horizontally or vertically—not diagonally.

다	보	쁘	가	르	거	다	설	치	싫	햄	바	태	내	서	버	다	커	마	숍
인	아	사	학	극	행	시	어	왜	지	얼	대	깝	도	걸	트	다	여	권	좋
장	다	축	문	나	을	여	말	년	름	신	봄	못	하	악	기	에	학	거	겨
보	자	들	정	말	클	마	장	화	리	볼	다	원	여	든	다	약	날	울	다
래	영	한	야	다	행	마	속	무	나	라	다	영	펜	거	너	하	여	행	아
미	좀	하	식	느	음	보	버	겨	악	파	코	기	보	주	기	지	전	심	을
기	어	정	코	쯤	학	내	년	구	여	분	설	장	후	방	티	꽃	방	오	미
내	봄	조	제	다	심	다	어	화	말	만	야	월	대	학	원	스	영	어	씨
때	히	다	축	덥	름	대	준	하	특	싫	하	계	기	히	다	보	기	디	하
야	싫	요	하	답	영	화	저	션	말	기	만	이	년	노	액	행	아	통	약
라	디	가	하	청	비	소	트	용	수	조	션	다	로	특	악	학	옷	피	속
화	게	받	다	일	정	좁	영	요	여	용	말	춤	절	다	번	게	아	히	타
소	이	화	마	하	극	무	학	싫	어	하	다	야	장	하	들	특	히	오	방
나	다	피	어	다	슨	주	악	서	렵	다	무	녁	약	로	화	기	념	문	안
다	내	루	약	꽃	난	학	다	장	일	장	연	심	행	하	절	을	다	이	마
노	멀	청	극	청	어	필	가	하	리	비	서	요	많	이	다	영	아	다	운
하	아	소	을	학	다	준	비	지	대	흐	비	준	습	야	지	럼	마	리	그
봄	주	트	가	만	액	받	간	을	래	이	끔	오	슨	기	음	속	점	다	울
공	철	울	속	전	많	럭	겨	쇼	계	신	물	이	화	겨	화	보	가	데	내
운	연	원	동	축	핑	많	그	선	절	느	리	백	흐	원	영	공	다	세	런

- really
- talk, chat
- to receive
- school vacation
- probably, perhaps

- to dislike
- preparation
- to congratulate
- travel
- flower

- country
- to be quiet
- movie
- graduate school
- season

- much, many
- particularly
- next year
- cleaning
- promise, engagement